做父母的17堂必修课

叶剑锋／著

中国青年出版社

推荐序

赵刚

叶剑锋是我在家庭教育指导师培训班授课时认识的一位同学。我记得快下课时对学员说，讲了一天的废话，有用的不多，但从今天开始，我们有了家庭教育这个共同的研究与开发事业，构建起我们之间的合作与朋友关系，才是更有意义的事情。因为21世纪，人类的教育手段已经多元化，家校合作是当今教育发展的基本模式，家庭教育的事业化与产业化已经来到我们面前。谁抓住这个机遇，谁就会成为这个世纪的知识英雄。今天，读到叶剑锋同学传来的书稿，为之兴奋。该书体系之严谨，叙事之流畅，内容之可读，是一本佳作。她嘱我为书序，我将拜读此书后的感想一叙，权为序吧。

我经常用“把教育寄托给学校，孩子的人生注定失败”为题，给中小学生家长做报告。许多家长乍一看题目，质问这个说法是否有些绝对。但听完报告后多表示赞同，称该题目有哲理。在当今的国际化、市场化、信息化时代，冲击着重考试、唯学历、学校教育功能无限的国人教育思维。随着用人单位产权体制的改变和高等教育的普及，必然引领我们的孩子从文凭社会走向能力社会。未来10～15年，大学将发生翻天覆地的革命性变化。因为机器人引发的职场变革，互联网带来的知识爆炸，将逼迫大学从一个提供文凭背书的认证机构，变成一个使人“能力附体”的训练营。正如《世界是平的》一书作者弗里德曼所说：“学历不能证明能力，世界只在乎你能做什么。至于你在哪学的，怎样学的，重要吗？”未来的公司认证、专业资质将挑战传统的学校文凭。随着人类获取知识与信息的多样化，我们依赖了几个世纪的学校模式将走向黄昏，而人的终生学习是确保高收入、高地位的唯一选择。有研究表明，未来要淘汰的将会是这八种人：八小时以外不学习的人，对新生事物视而不见的人，靠个人能力单打独斗的人，心理脆弱易受伤的人，技能单一无特长的人，目光短浅计较眼前的人，智商高情商低的人，观念保守不善创新的人。

技术改变着人们获取知识与信息的渠道和方法，但改变不了人的遗传习性与个性化特征。一位中学班主任曾跟我说，作为教师，我比谁都知道分数的重要，但我从教几十年，无数学生的人生经历告诉我，有比分数更重要的。首先是身心健康，其次是正直勤勉，再次是面对困难的勇气与能力，最后才是成绩优秀。同一个班级，孩子之间的竞争，归根到底，是家长综合素质和付出心力的竞争。在物质相对富足的今天，父母最重要的责任已不是抚养，而是教育。父母的教育准备与孩子的未来密切相关。父母的教育行为决定孩子未来的高度。一流父母肯为孩子改变，二流父母肯为孩子学习，三流父母肯为孩子花时间，四流父母只肯为孩子花钱。

读一本好书就是走进一所优质的学校。读了叶剑锋同学这本书后，对这句名言我有了更深的体会。期望这本书成为许多教子无方、探教无门、太爱孩子又太不会爱孩子的家长进行家庭教育的良师益友。

（序者系中国家长与教师合作管理委员会（CPTA）理事长、中国教育学会学术委员会委员兼家庭教育专业委员会副理事长、东北师范大学家庭与学校合作教育研究中心主任）

目录

引子

孩子的健康成长源于父母爱得正确

怀孕后的一次好友聚会,使我立志从事家庭教育。因为当时身边的很多朋友都已经做了父母,大家聚到一起谈论的话题大多都是子女教育的问题,看到、听到这些父母在子女教育上的问题与苦恼,我开始认真思考,自己将来会是一个什么样的妈妈呢?

有一次, 在幼儿园工作的朋友问我:“一个刚刚上幼儿园的孩子,出现强烈的攻击行为,总是打或咬其他同学,而且不听从老师的指令。你知道是什么原因吗?”我脱口而出:“被父母惯的。”朋友说:“实际的情况是因为孩子的父母工作忙,这个孩子不到一岁就被送到了乡下老家,而家里的老人年纪大了,很少陪孩子玩,也很少跟孩子交流,等到孩子3岁才被接回北京上幼儿园。这个孩子是因为父母教养方式的偏差导致亲子依恋出现了问题,所以孩子出现了问题行为。”是呀,刚出生的孩子不可能存在什么问题行为, 后来之所以不能良好地适应环境或者产生问题行为,可能是父母没有使用适合孩子的科学的教养方式和沟通方法,也可能是父母自身就存在一定的问题吧。

带着这些困惑,我又重新捡起心理学知识,希望自己将来也可以帮助一些父母解答疑惑。

谨是我在大学心理学系辅修课程的时候认识的教授，她主要研究儿童发展心理学。除了教授学生外，她还承担一些咨询师的培训工作。前几年她去宾夕法尼亚大学做访问学者，与当地一位著名的积极心理学领域的教授合作研究课题。因为我想转行，一来为了迎接小生命而学习如何做母亲，二来我觉得这也是我未来工作的方向，我希望自己在这个助人的行业里能有所贡献。于是，我给谨发了短信，告诉她我目前的想法和状况。没想到，谨回短信说自己正好在国内休假，并邀请我到她的家里见面。

谨梳着利落的短发尽显精干，一身黑白相间的长裙直覆脚面，肩上一条白色的长条披肩衬托着她出众的气质。一进客厅，我就看到了一排落地转角大书柜，占了客厅的3面墙，书柜上下7层，密密麻麻地放满了书。我走近书柜，发现书架上的书分类清楚，设计的门类有科学、哲学、心理学、国学、教育、历史、文学、艺术、生活……真是小型图书馆。书桌上摆放着一个女孩的照片，明亮的眼睛、顽皮的笑容平添了不少可爱，我不禁惊呼："您女儿已经这么大了？""是的，去年考上了一所国外的大学。"谨给我递来一杯水，拉着我坐了下来。我和谨谈了自己的困惑，谨说："做父母，首先要以身作则，父母的言行总是会潜移默化地影响到孩子，所以父母要有健康正确的价值观和良好的心态行为，包括情绪管理能力，这是父母自身的修养；其次，孩子不同年龄段的发展特点并不一样，父母需要了解儿童发展各个阶段的基本规律与特点。一个孩子从出生开始要经历许多个敏感期和关键期来发展自身的认知与社会性，很多孩子的问题是因为父母不知道如何正确去爱而造成的。不同年龄、不同阶段、不同性格的孩子会有不同的行为表现，做父母的要了解一些儿童发展心理学的知识，对于孩子的成长才会起到良好的作用。"

我把自己想从事家庭教育的想法告诉了谨，希望能够得到谨的帮助。谨含笑点点头，说道:“我理解你的想法。我愿意帮助你，但是有两个条件。”

“两个，条件？”我忐忑地问。

“是的。你跟我来。”谨起身带着我离开客厅，走向一间空房间，谨站在门口，指着正对着门的一面墙说:“我想在这面墙上完成一幅画，正好你来了，你就帮我完成吧。”

“啊？完成一幅画？”我吃惊地回答，禁不住问:“什么画？老师，我不懂画啊，该画什么画呢？”

谨背着手，缓缓地转过身，眼神明亮地看着我:“这幅画需要你用接下来学到的家庭教育的有关知识去画，所以，等你知道画什么的时候，你的学习就可以结束了。完成这幅画，是条件一。”

“哦。”我带着疑惑应承着。刚想转身，却又注意到侧面的墙上被分出了7个框格。“这墙上另外那7个框格呢？”我不免好奇地问，心想，这不会也要由我来画吧？

“这另外7个框格，将会是一些心理学家的画像和简介，他们都是迄今为止，对儿童发展教育做出卓越贡献的人。”

离开时，谨送我走到院子里，在树荫下驻足。谨拉着我的手说:“景仪，我这次回来，名为休假，其实是带着课题研究的，所以要与许多学者研讨，时间上比较紧张。最近有一些新老朋友会来看我，我一般会安排在每周六约见他们。我想，如果周六你的时间还算充裕，可否过来帮我招待客人？这是第二个条件，你愿意吗？”

“当然，我非常愿意。”我暗自高兴，这第二个条件并不为难自己。回家的路上我已经开始期待接下来的学习了。

第一章

教养与沟通

第一课

不同的教养方式教出不同的孩子

我和谨约定的第一个周六很快就到来了，一早我就驱车赶到了谨的住处。在谨的院子里已经有5位女士围坐在茶桌旁，茶桌上摆放着点心和矿泉水，茶桌正前方摆着一个可移动的白板，一旁的蝴蝶凳上放着电脑，并连着投影仪。

谨正在泡茶，看到我来了，笑着对我说："这几位妈妈想了解孩子的教养与沟通。接下来几周是个小小讨论会，我给大家讲，但是大家可以随时打断讨论，我会根据大家的想法随时调整内容，整个形式是以妈妈们为中心，相当灵活的。"

我点着头接过泡茶的工作，于是，谨回到自己的位子上准备开始了。

"好，我们来这里是为了讨论如何教养孩子的，大家都想了解什么才是科学的教养方式是吗？在打开PPT之前，我想问问大家，在怎么教育孩子这个问题上有什么样的困惑？"谨微笑着开场。

"老师，现在的孩子不好教啊！打骂好像也不好，可是不打骂我们也不知道怎么做啊。我们小时候，做错了事，挨打是常有的事儿。"一位年长的妈妈回答。

“老师，怎么和孩子说话，孩子才会听？”

“老师，我自己觉得和父母存在代沟，不好交流，所以担心以后我和我的孩子也不好沟通……而且，现在中国传统教育方法和西方教育方法好像存在很多冲突，中国传统教育讲‘严’，西方教育讲‘民主’……我特别困惑，将来要怎样教自己的孩子。”一位戴着眼镜的妈妈提出的问题很宽泛，但代表了一部分家长的困惑。

“大家这些问题提得很好，这些都是让我们这一代父母困惑的问题。要弄清楚这些问题我们需要用几节课的时间，大家不要着急，我争取讲得详细一些，好吗？”谨见大家表示同意，接着说，“我先来分享一个案例，这是我的一个朋友告诉我的她自己的故事。”谨打开电脑：

我的儿子初一时，进入逆反期，成绩一塌糊涂。他开始抽烟，开始染头发，穿一些古怪的衣服。有一天他甚至跟我说：“妈妈，我一无是处，我就是个人渣。”

听到孩子这么说，我的心像刀绞一样。他的行为就像一个问题少年，自暴自弃。可是，我也不知道哪里来的勇气和理智，我没有像以往一样斥责他，而是冷静下来了解他的内心世界，他的喜好是什么，他为什么那样做。

至于成绩，我改变以往要求严厉的方式，反而宽慰他和鼓励他。

我只有一个信念：我的孩子本质是好的，一切青春期的变化只是暂时的。

我甚至开始直接表达我的爱，妈妈只要和孩子在一起就很快乐。我不会因为孩子的成绩不好就不爱他，我也不会因为孩子的行为怪异就放弃他。

奇迹出现了，孩子越来越好，一切问题都解决了。

我终于明白，信任就是一种磁场，无条件的爱是最大的力量，赞美就是一种引导。一切都是正能量带来的。

我很庆幸，我当时没有失去理智，没有把自己的焦虑强加到孩子身上，没有因此而大发雷霆，如果那样，孩子可能会走向另一个极端。

“看完这个故事大家能说说自己的感受吗？”

“很美，很感人。”

“这个妈妈信任自己的孩子。”

“这个妈妈很有智慧。”

“这个妈妈对孩子的爱是无条件的。无论在任何时候，她的想法都是正向的。”

谨边听边点头笑着：“大家说得很好，我们今天就先来说说心理学上关于科学的家庭教养方式的研究。”

“首先我们所提的这个理论来自于著名的心理学家埃里克·埃里克森，以后我们简称他为埃里克森。我们先来看看他对家庭教养方式的研究成果。

“埃里克森及他的研究者指出，从儿童期直至青少年期，家庭教养方式有两个方面是非常重要的。一方面是父母的接纳和反应性，另一方面是父母的要求和控制性。

“接纳和反应表示父母对孩子的支持和关爱程度。接纳反应性高的父母，时常给予孩子微笑、赞赏、鼓励，表达大量的疼爱。而接纳反应性低的父母则经常贬损、处罚或是忽视孩子，很少与孩子交流。

“要求控制性高的父母会限制孩子表达的自由，提出要求并检查孩子是否执行了规则;而要求控制性低的父母对孩子的限制少得多,他们很少提要求,在孩子的兴趣爱好和决定自己事情方面,给孩子相当大的自由。”

埃里克森认为父母应该:

- ·接纳性高,这样孩子会感到父母理解自己;
- ·反应性高,这样孩子会感到父母关注自己;
- ·要求控制性低,这样孩子有机会独立思考、判断和处事。

“在接纳反应、要求控制这两个维度的基础上,美国心理学家戴安娜·鲍姆林德也做了相关的研究。她在1967年和1971年的研究算是教养方式领域最广为人知的研究了,主要研究对象是学前儿童及其父母。一方面,她对儿童在幼儿园和家里的情况进行观察,从自立、成就、情绪、自我控制等方面的表现进行评价。另一方面,她还对儿童的父母进行访谈,观察父母在家中与孩子的互动。并且,她还对这些不同教养方式下孩子青少年期的表现结果进行追踪与评价。

“最终,她列出4种不同家庭教养方式对孩子的性格行为进行塑造。这4种家庭教养方式分别是:专制型、放任型、冷漠型、民主权威型。大家觉得哪一种类型教出来的孩子最理想?”

“肯定是民主权威型吧。”几位妈妈的想法没有不同,“听这名字就最不错了。”

“那我们平时是怎么做的呢?”谨接着问。

几位妈妈互相看了看,笑了起来,有的妈妈有些不好意思。

“大家说得没错。经过追踪研究,最后发现,确实是民主权威型家庭的孩子在青少年期的各方面表现都很好。”谨打开了一张表格。

家庭教养方式对孩子发展的影响

教养方式	儿童期表现	青少年期发展结果
民主权威型	认知与社会能力高	高自尊、社会技能出色，强烈的道德及亲社会取向，学习成绩优秀
专制型	认知与社会能力一般	学习成绩、社会技能一般，比放任型父母的孩子更为顺从
放任型	认知与社会能力低下	自控能力和学习成绩均较差，比权威型或专制型父母的孩子有更多的问题行为

资料来源：Baumrind,1977;Steinbergetal.,1994

“老师，为什么是这样的结果，能不能给我们具体讲讲？”一位妈妈表达了大家的心声。

“好，我跟大家具体分析分析。当然还要结合中国的实际情况。”谨回答，“我们先讲后两种家庭教养方式，放任型与冷漠型。”

“放任型父母，采用接纳但过于宽松的教养方式：父母很少对孩子提要求，允许孩子自由表达自己的感受和需求，不会密切监视孩子的活动，对他们的行为也很少进行严格的控制。

“在鲍姆林德的研究中，放任型父母教育出的孩子在认知能力和社会交往能力方面要弱于专制型父母培养的孩子，表现比较差。”

“生活中有放任型父母吗？”

“孩子喜欢父母管教吗？现在不是提倡给孩子自由吗？到底管好还是不管好呢？”

妈妈们开始讨论起来。

谨听着大家的提问，又补充了一句："大家觉得孩子们会怎么看这个问题，如果出现不良行为，他们会认为管好还是不管好？"

"管好。"

"不管好。"

大家意见不一，谨笑着回答："还真有这样的心理学实验——关于儿童的道德发展。斯高和考文（Michael Siegal & Jan Cowen）1984年就做过这样的测试，他们让4～18岁的孩子听一些涉及多种不良行为的故事，请孩子们对父母各种管教方式进行评分，其中包括：控制、权力压制、体罚、撤销关爱、完全宽容、说服引导……大家知道孩子们认为其中最好和最差的管教方法是什么吗？"

"最好的是说服引导。"一位妈妈大声回答。谨点头。

"最差的是……体罚？"

"撤销关爱？"

"权力压制？"

"都不是。"谨使劲摇头，"孩子们认为最差的是'完全宽容'，他们认为父母对不良行为的'不干预'的态度非常不好。连年幼的儿童都觉得成人必须采取措施限制他们自己不恰当的行为呢。"

放任型家庭教养方式：

完全接纳孩子的行为，从不监督管教孩子。

培养出的孩子能力与表现都比较差。

孩子们也希望自己犯了错被说服引导，父母不能不管。

“冷漠型父母，采用极端宽松、不闻不问的教养方式，这样的父母要么拒绝孩子，要么被自己的问题所困，无暇照顾孩子。这是一种最不成功的教养方式。

“这种教养方式给孩子的信息是：‘我根本不在乎你。’这样的信息会滋长孩子的愤恨心理，激起他们对麻木不仁的人和其他权威人物的报复心。心理学家的研究显示，这种家庭教养方式下的孩子，3岁就表现出相当高的攻击性和坏脾气。接下来，他们喜欢恶作剧，课堂表现很差。青少年期时，他们缺乏有意义的长远目标，容易出现各种犯罪行为。”

“老师，我们生活中有冷漠型的父母吗？”

“有的。”

谨悲伤地说，“生活中有冷漠的、不关心孩子的、不陪伴孩子的父母。在农村和城市里都有。许多父母为了赚钱，对孩子不闻不问，不管不顾，他们以为孩子需要的只是物质上的满足。”

冷漠型家庭教养方式：

对孩子不闻不问，让孩子觉得自己根本不受父母重视，

感受不到关心和爱。

这是最糟的教养方式，会培养出问题孩子。

“好，接下来，我们要根据中国的实际情况，讨论我们生活中常见的3种教养方式——专制型、溺爱型和民主权威型。”

借着准备午饭的间隙，我整理了上午的学习内容：

关于冷漠型和专制型教养方式，我的理解是：父母不能对孩子的所有行为都放任，特别是伤害自己与他人的不良行为；父母更不能长期忽略与拒绝孩子，那将把孩子推向深渊。

这些忽视与冷漠太伤孩子了。

谁不想受到关注呢？

谁不想把家当成最终的归属呢？

第二课
专制的教养——压制下产生的冰与火效应

午饭后,稍事休息,谨就开始了下午的内容。

“专制型教养方式会是什么样子?”谨询问我们是否可以试着解释。

“很强势。”

“很霸道。”

“不考虑孩子需求。”

……

从谨的表情上能看出来,她还是挺认同大家的。谨转过身在白板上画了一张图片,是一张大人站着和小孩子说话的图片:图片里的大人一只手叉在腰上,另一只手指着小孩子的鼻子,显然是颐指气使的模样。而孩子则低垂着头,双手不安地捏着衣角,肩膀紧缩。

谨开始讲解:

“专制型父母,采用严厉苛责的教养方式:父母严格地设定很多规则,要求孩子严格遵守,很少向孩子解释为什么遵从这些规则是必要的,而且经常运用强制、惩罚的措施让孩子服从。孩子只能服从,不能有不同的意见。父母就是绝对的权威。

“鲍姆林德在对孩子儿童中期和青少年期发展结果的追踪研究中发

现:这种教养方式下的孩子,在儿童期时,对事物的理解和社会交往的能力都一般;在青少年时期学习能力和社会技能也一般。总体而言,在这种教养方式下的孩子发展成了能力和表现一般的孩子。”

专制型家庭教养方式:

·严格设定规则,强制孩子服从。

·孩子很难被尊重和理解,更难以独立地思考判断和处理事情,孩子能力与表现都一般。

“为什么专制型父母会培养出这样的孩子呢?”一位妈妈还有些不解,“我们平时生活里总是要教孩子的啊,总是要管他们的啊,他们那么小,又没有经验,又容易受伤,我们能不管吗?”

“我小时候家里就很严厉,对我控制得特别紧,不允许有自己的想法。”

“是啊,我们小时候父母管教就是打骂。”

妈妈们说起小时候的教育,有些无奈,有些抱怨,但是也觉得很平常。

我心里暗暗想:“也难为她们会遇上亲子沟通的障碍。一方面她们自己从儿童时期一路走过来,也感觉严厉的家庭教育让人有压迫感;另一方面她们又不知道该如何做,只能延续过去家庭中所使用的方法。”

谨听完大家的感受,接着说:

“在我们过去的中国传统教育中,‘棍棒底下出孝子’‘不打不成才’是主流观念。那是因为父母认为打是好的方法,因为打,教会了孩子很重要的的一点就是不学坏。另外,那个时候,社会普遍的价值观也认为,严厉是件好事情，严才能使孩子进步。我们不得不承认，在百年前中国的社会环境里，'打'或许是教育孩子不学坏的一种有效方式。但是现在的时代与社会已经大大不同了。

“回想我的父母经历的生活年代，是新中国刚成立、举国百废待兴的时候，他们一直都在为国家、家庭奋力拼搏。那个年代，温饱都没有解决，更别说什么心理学了。所以我们要理解父母，因为他们给我们的，已经是他们能力范围内最好的了。”

有一位妈妈禁不住流下了泪水。谨离开了位子，拿了张纸巾递给那位妈妈。

那位妈妈接过纸巾，边擦拭着脸上的眼泪，边哽咽地说：“谢谢老师，对不起大家，我只是想起了以前的事。父母都很爱我，但是管得特别严厉。我记得在中学阶段，我有着强烈的自主愿望，但是却得不到任何支持和实践。我根本没有所谓的青春叛逆期的存在，弄得现在我对自己的父母很叛逆，我记得，那段时间里，我总是被他们的威严压得喘不过气……”

谨轻抚年轻妈妈的肩膀：“你知道吗？父母的严厉有可能曾经让你失去了自由，那是因为他们太爱你太想保护你了。而另一方面，父母的严厉也给了你很多东西。比如，你身上坚忍的气质。”

年轻妈妈点了点头，情绪平稳了些。

谨又回到位子上，继续说：

“我们能理解我们的父母、完成与父母的联结很重要。只有这样，接下来我们才可以处理好我们自己家庭的关系，包括夫妻关系和亲子关系。

“这两天，我们就一起来学习心理学上的理论知识，学习科学的家庭教养方式，好吗？”

大家都纷纷点头。

客观地看待过往父母对自己的教育方法，理解他们当时处境下所采用的教育方法受限于他们当时的社会环境、学识以及他们自身所受的教育。但是，他们已经贡献了自己认为最好的一切。

“为什么专制型父母会培养出能力一般的孩子呢？”谨继续问大家。

没有人回答。

“当我们受到严厉的管制时会如何？当父母用打骂的方式管制时会如何？”谨启发。

“会害怕啊。”

“对，怕父母亲生气，所以做孩子的要服从，对吗？从小到大一直服从，就慢慢地没有了独立思考的能力，成为不会思考、不能独立解决问题、不敢主张、只会顺从的孩子，能力自然一般。这样的孩子长大以后，就可能呈现出胆小、懦弱、没有主见、不敢承担责任、低自尊甚至没有自信。”大家纷纷点头。

“还有一种情况，就是另一极端——逆反。会这样吗？”谨问。

“会。”妈妈们纷纷点头。

“被专制了，不能有自己的想法，很难受，所以要反抗。反抗的办法有两种：一种是暗暗的反抗，阳奉阴违甚至撒谎；另一种就是叛逆、强烈的反抗甚至暴力。成年以后，他们可能还会延续这样的处事方式，这对于健康其实并不利。”谨继续。

妈妈们边点头边记笔记。

专制型家庭教养方式：父母设置严厉的标准，并设置严厉的奖惩要求孩子必须服从。

这样教育孩子会让孩子走向两种极端：

1.不能独立思考、不敢主张、不具备独立解决问题的能力，只会顺从和服从，逃避责任。人格上表现为懦弱、自卑、胆小、低自尊……

2.逆反：撒谎，不和父母沟通或叛逆，激烈地反抗及寻求自我主张。

谨从电脑上打开一张表格，说："我们现在先来看一下家长严厉苛责

家长严厉苛责对孩子的影响

家长观念行为	对孩子的影响
对孩子无意犯错的责骂体罚	伤害孩子自尊，可能使孩子恐惧懦弱
主观臆断，不给孩子阐述观点和决策的机会，只有服从	丧失判断力、独立思考、决策力； 低自我价值；亲子间缺乏信任亲密的关系
希望孩子完成自己未尽的理想，希望孩子成为自己理想中的那样	忽视孩子自身特点与喜好； 束缚孩子自然健康发展； 孩子牺牲自我
要求孩子做事完美	追求完美的人容易把目光聚焦在事物不完美的部分，并想改造；事实上，完美并不存在，追求完美、苛责现实，容易焦虑，心态不好，行为容易有缺陷，比如：关注细枝末节，捡芝麻丢西瓜；决策时犹豫不定；苛责别人造成人际关系紧张
吝惜表扬，喜爱批评	低自我价值；容易让孩子逆反；亲子关系难以亲密
拿孩子和别的孩子比	低自我价值，妒忌心
家长可以，孩子却不行	两套标准，不利于规则感建立；权力大于规则

对孩子的影响有哪些。”

“具体的，请大家看看我收集整理的一些中国家长常见的专制型教养。”谨给大家分发了资料，我拿过来一看，这是一份附有点评的案例资料：

附：

中国家长常见的专制型教养

1.你真是笨，笨死了。

小明的妈妈奉行严厉的教育，认为孩子不打不成才，不骂不成器。她吝啬对小明的表扬，但是却施以批评。“严师出高徒”，严一定是好的，溺爱会害了孩子一辈子。但是小明很少得到表扬，妈妈一不如意就会骂他：“你真是笨，笨死了。”考试不好或是做了错事，小明还要受到惩罚。久而久之，小明就变成了一个怯弱、无主见、毫不自信的孩子。

点评：研究者发现在孩子4～6岁时，对孩子的失败进行处罚或责备可由此使得孩子怀疑自己的能力，孩子就会成为一个不敢面对困难和对自己能力毫无信心的孩子。

2.随意评价孩子的品德，引发孩子的内疚感。

“我就是不去，怎么样？”执拗期的小斌大声冲家里人说。今天小斌特别想在家里玩玩具，可是玩得正高兴，突然被家里几个大人打断了，拉着他要去超市。没有任何通知就被强制打断，小斌生气了，他的第一反应是强烈地反抗。“你就是不乖啊，不听话的小孩。”奶奶不能忍受孩子表达不满情绪，于是点着他说，“好坏，坏小孩。”

又一天正午，小斌在幼儿园里得了一个糖果，这糖果是老师奖励他背单词背得好的奖品。小斌回来挺高兴，拿着糖告诉家里的大人。这时，家里正好来了亲戚，大人就逗着小斌问："快分给奶奶爷爷吃。""不嘛。"小斌觉得这是老师奖励自己的，不愿意分。"唉，看，多自私，养了有什么用，长大了肯定不会孝顺的。"又一个负面评价诞生了。

点评：家长要清楚小孩年龄的特点，了解其社会性人格发展的阶段性很重要。幼儿园的孩子正值自我意识发展时期及第一个执拗期，家长可以好好讲道理并示范给孩子看要如何做，孩子学习的过程不是一两天，而可能是一个月，因此家长要有耐心，请家长一定多了解0～6岁孩子的心理发展规律，不要随意评价孩子的品德，不要随意说孩子"坏""不孝顺"。这种负面评价不要随意给孩子，这样容易让孩子认为，他在家长心目中的形象就是这样的，也容易让孩子认为，他也真就是这样的。不能善意地引导孩子，就是对孩子的不尊重。建议运用积极鼓励的评价方法引导孩子。

3.快做你的作业去，这是大人玩(看)的，不是你玩(看)的。

小王难得回家一趟，平时工作忙，坐在客厅里，打开电视，觉得是一种难得的享受。孩子在不远处的茶几上做作业。小王发现，孩子在用余光偷偷地看电视，怕被小王发现，也不时偷窥小王的反应。"别看了，别看了。这不是你看的。专心做作业！"小王顿时发怒了。

点评：家长一方面要求孩子学习，但是从来不在孩子面前学习，而是看电视、玩游戏、打麻将。身教重于言传，家长自己都做不好，怎么要求孩子呢？家长自己做不到的事情，却要求孩子去做，就是对孩子的不尊重。建议家长自己要做到多读书多看报，孩子也会自然而然地效仿。

4.你看看你的表姐小兰,她什么都比你强,你怎么这么不长进呢?

“从小到大,我妈妈和我姨妈一直拿我和表姐小兰比较。”小恭是中国电信集团的一名普通员工,在谈到孩子教育时,她特别难过地提到自己内心的一段回忆和感受。“我和小兰年纪相仿,本来也玩得很好。可是不知道从什么时候开始,妈妈总拿我和她比较,每次考试都得看看小兰得了多少分,每年都得看看小兰长高了多少,重了多少。从学习到身体,什么都比。我很痛苦,后来我和小兰都不太理对方,也不怎么说话了。但现在我才知道,这不是小兰的错,是妈妈和姨妈造成的。”小恭停了停,整理了一下情绪,语气稍缓地说,“未来,我不会拿我的孩子和其他孩子比。这对孩子来说太残忍了。”

点评:父母拿别人孩子的优点来比较自己的孩子,这种行为是对孩子极大的不尊重。不尊重孩子自身的特点,不尊重孩子与别的孩子的差异性。每个孩子都是独一无二的,每个孩子都有优点和缺点。父母首先要积极肯定自己孩子身上的优点,让孩子不断发扬自己的优点,然后再引导孩子明白:三人行,必有我师。择其善者而从之,其不善者而改之。

父母不需要用竞争来激励孩子向上。比较是人的天性,大部分人会从比较中得到对自我的评价。如果父母对竞争强调太多,对孩子的心理会造成伤害。孩子总担心自己做得不够好,会失去父母的爱,久而久之,这种内化会使得孩子总要在竞争的优势中才能获得安全感。当面对竞争压力大的时候,孩子就很容易抑郁。父母需要激励孩子的,是让其自己和自己比,自己要看到自己的不足,并不断修正来突破自己。

这是一个竞争的社会,可以高高兴兴地竞争,但是也要科学地看待输赢。一山还有一山高,所以,父母需要做的是告诉孩子:父母对孩子的爱是无条件的,绝不以竞争输赢为条件。而父母永远是孩子的坚强后盾和温暖的港湾。

5.还哭,再哭就揍你;再哭,信不信我把你关厕所里;再哭,我不要你了!

爸爸带3岁的小明到商场里玩,小明特别想玩翻斗乐,可是爸爸嫌里面人太多,不愿意带小明去。于是小明在电梯里哭了起来,这下可惹恼了爸爸。开了电梯门,爸爸头也不回地走了,小明哭着在后面追着爸爸,追上了爸爸,爸爸转身却大叫:“不许哭,听到没有,不许哭了!再哭,揍你了!”说完,又急走而去。可怜的小明在后面紧追着爸爸,已经不敢大声哭了,小声地抽泣着,他伸手去抓爸爸的衣角。爸爸转身看到仍抽泣着的小明,站定了,依然怒气冲冲地说:“再哭,信不信我把你关厕所里?!还不闭嘴,再哭,我不要你了!”

点评:3岁的孩子想着玩游戏,哭是表达情绪的方式,这位爸爸可能是心情不好,可能是耐心不够,但是粗暴地对待孩子,是很伤孩子的心的。孩子从中没有学到任何积极有效的信息,相反,孩子感受到的是恐惧、愤怒、不被理解,孩子只会学习到因恐惧而顺从或是因愤怒而逆反。

今天的课程结束了,我整理了下午的内容:

> 专制型教养完全从大人角度出发,不了解孩子的成长规律,不理会孩子的内心需求,简单粗暴。要不,让孩子放弃自我,只会服从;要不,让孩子叛逆反抗。这些会破坏亲子关系,孩子都不能和父母真正心连心,还有可能怨恨父母。

第三课

溺爱的教养——爱得越多，孩子的成长能力越弱

第二个周六到了，我按时来到谨的小院子，妈妈们陆续都到齐了。我们在小院子里摆上点心，泡好茶水，很快开始了讨论。

“上周我们讨论了专制型、冷漠型、放任型3种教养方法，它们都会对孩子的心理产生一定的伤害，不利于孩子人格的健康成长。”谨稍稍总结后，顿了顿，接着说，“今天，我们再来看溺爱型的家庭教育。”谨唰唰几笔在白板上画了一幅图，图中一个神气十足的小孩被好几双大人的手合力托起，处于中央。孩子处于高位，父母处于低位。谨补充：“为了更符合中国的现状，我把老人加上了。”

大家看着，都窃窃笑了起来。

谨看了看大家的表情，“是我们中国的情况吧？这就是溺爱，以孩子为中心的案例倒是不难找。现在我们一起来看看。”

谨打开投影：

1.你太小了，等大一点再做吧。

小欢是个热爱劳动的孩子，只是每每做事情总是受到奶奶的阻碍。一次，小欢看到奶奶拖地，于是拿起拖把也想拖。因为小，尚不能拖得整

洁有序。于是奶奶立即阻止了她:“哎,你还小,等长大了再干。”“奶奶,我想帮你嘛。”小欢扑闪着双眼回答。“哎哟,不用了,奶奶干得动,等你大了,奶奶干不动了,你再干啊。”

小明是个男孩,一次去姑奶奶家做客,回家的时候,姑奶奶送了一袋子礼品给小明。小明可高兴了,自己扛着就出了门。姑奶奶急忙一边推了推妈妈,一边喊:“小明,太重了,让妈妈拿,等你长大了,有力气再拿啊。”小明的妈妈却轻轻拉了拉姑奶奶的衣袖,说:“小明,不错,挺能干,能自己提东西,有儿子真不一样。”结果小明真的一路把东西扛回了家,而且很开心。以后看到妈妈拿重物,小明就会经常帮助妈妈拿。

点评:孩子小的时候,有参加劳动和帮助大人的意图时,家长应该及时鼓励。如果家长总是说,等你长大了再做,等我做不动了才轮到你做,孩子就不认为他需要承担家里的责任,也会依赖大人成为习惯。等到孩子上了大学,再要求孩子承担责任,懂得自立,学会帮助家长,让孩子改变十几年的习惯,就不容易了。

2.快点,快点,你怎么老是这么慢,还是我来吧。

两岁的小佳在吃饭,吃得有点慢,奶奶看着着急了,上前一把夺下小佳的勺子,大声说道:“吃饭要快点,哪能那么慢,以后去幼儿园吃饭你抢得过别人吗?”说着,就拿着勺子往小佳嘴里喂饭,一口接一口。再看小佳的反应,往后一倒,靠在椅背上,跷起二郎腿,吃饭这事儿就再和她无关了。

点评:家长的行为给孩子传递的信息就是,这事情你做得不好,需要我来做,影响了孩子对自我的评价。久而久之,孩子的自信心被打击了,对家长的依赖也根深蒂固了。

3.有求必应，要什么给什么，物质上的极大满足与泛滥。

“我工作太忙，这一年也陪不了孩子几天，真的很内疚。”小晰的妈妈眼里含着泪水，“我唯一的补偿就是给孩子买东西，只要他开口，能满足的我都尽量满足。”

点评：不劳而获的孩子，不会懂得珍惜。物质上的极大丰富和满足，只会养成孩子坐吃山空的习惯。

孩子需要的是精神上的爱，是道德的教育和温暖的关怀，只用物质满足孩子，是做父母的不负责任。

4.包办所有事情。

“你只要专心读书，读好书就行了，其他事情都由我来做。”小芸的妈妈没有念过什么书，所以，她一直认为孩子只要考上大学就能过上好生活。“只要考上大学就行了，做家务是浪费时间。”

点评：生活自理能力是生存的基本技能。如果一个孩子只会考好成绩，却不会做家务，将是一个残缺的孩子。孩子不做家务，体会不到做家务的辛苦，自然不会体谅父母的艰苦和付出。孩子不懂承担家庭责任，衣来伸手，饭来张口，读大学时则不能生活自理，未来自己组建家庭更是困难重重。孩子只能依赖于父母，不能独立。

5.我可以为了孩子付出我的一切。

“孩子是我生命的延续，他比什么都重要！”小陈端起一杯咖啡，浅浅尝了一口。她原来在一家外企工作，体面而且收入好，过着外人十分羡慕的生活。但是后来为了孩子能上市里最好的小学，小陈夫妇俩在市中心买了一套房子，每月要还一万元的按揭款，为了接送孩子和照顾家庭，小陈最终决定辞去工作。“没有了工作，还贷款真是一种压力，而且我觉得和社会脱节了，没有了社会价值感，感觉很孤独。情绪很不好的时候，我忍不住会冲孩子发火，其实我也不是故意的，就是觉得付出太多了，压力又一直在，想起来就觉得心口堵堵的，情绪上总是会控制不住。孩子不能考得不好，否则真是对不起我们。”小陈说。

点评：教育家马卡连柯说：“一切都让给子女，牺牲一切，甚至牺牲自己的幸福，这就是父母所能给孩子最可怕的礼物。”父母没有必要为了孩子牺牲自己的幸福。在工作上，父母如果有出色的表现活出精彩的人生，也可以为孩子树立自豪感，影响孩子的人生。在物质上，父母要量力而行，如果勉强，不但生活质量下降，而且家长的压力和情绪也会不由自主地影响到孩子。如果为此，家长对孩子未来产生过高的期望，孩子会倍感压力，这样不利于孩子的心理健康。

6.过分关注——大人围着小孩子转。

“哎，来来来，快点，要上学啦，抓紧再吃两口。”奶奶一手端着碗，一手拿着勺子，还在争取最后的时间喂饭。爷爷已经拿好外套在门口恭候着，准备等孙子换鞋。妈妈则还在检查孩子的书包，看看老师规定要带的书和作业都带上了没有。再看孩子，还坐在木马上，晃晃悠悠的。

点评：独生子女，是爷爷奶奶、姥姥姥爷、爸爸妈妈的唯一。这个疼不过来，那个爱不释手。中国传统观念生儿育女就为了传承家业，独生子女更是全家人的掌上明珠。老人没事儿做，带孩子就是老年重要的事情，爸爸妈妈也不能缺了对孩子的教育。这么多双眼睛盯着小孩，给予孩子的信息就是：你太重要了，我们都要关注着你。这容易使孩子形成过分关注自我，也容易形成以自我为中心的思维习惯。

7.剥夺独立。

一位母亲陪孩子在一张床上睡了18年，有一天孩子要上大学了，却没有办法离开母亲。母亲只好陪读，在校外租房子，继续陪床。转眼4年，孩子大学毕业了，没有什么成就，只好回老家，父母托关系给找了份工作，但是接下来要怎么办？

点评：孩子在3岁前，需要母亲的陪伴。特别是在婴儿期，母亲的爱抚和陪伴是孩子安全感建立的重要条件。但是孩子3岁后，需要开始进入社会，也就是幼儿园的集体生活。这时，孩子开始接触社会，也逐步脱离母亲紧密的照顾，开始学习一些生活自理能力，是独立上的一小步进步。5岁以后，母亲要从孩子教育的一线撤退，无微不至的教育已经不合时宜，孩子需要初步具备独立意识和完成力所能及的工作。

8.孩子生病或是疼痛，大人紧张得不得了。

“哪儿疼？哪儿摔疼了？”小阳的妈妈紧张地从地上扶起哭泣的女儿，一边紧紧地搂在怀里，一边在小阳的身上左摸摸右看看，有什么地方摔破了。小阳先是愣了一下，泪水在眼眶里打转，看到妈妈那么紧张，哇地大哭起来。看不出哪里有不好，但是小阳又哭得厉害，妈妈顿时六神无主起来，像是自言自语又像是问小阳：“去医院吧，去医院好不好？”听到去医院，小阳更是觉得严重了，哭得更厉害了。

点评：初为父母的家长都视孩子为掌上明珠，但是不要孩子受了一点伤害，家长就太紧张，否则，会让孩子觉得一点小伤害就是天塌下来似的事情，不但增加了孩子的恐惧，而且孩子挫折容忍力也会比较低。家长应该镇静，传递给孩子的信息应该是：没关系，这些意外虽然造成了伤害，但是不算什么，因为我们不但强大而且坚强。

读了这么多的案例，大家都觉得需要总结一下。

谨看出大家的心事，于是问："有没有妈妈愿意把这些常见的行为总结一下？"

"过度保护……"

"过分关注……"

"包办……"

"有求必应……"

"咦，很好嘛，今天大家都成专家了……"谨开玩笑说，气氛明显轻松了。

"如果家长过度保护孩子，孩子不能经历一点风雨，长大后就不能适应社会。

"如果家长特殊照顾孩子，则会让孩子认为他所得到的都是他应得的，他理所应当成为被照顾的中心，这样的孩子成年后就会不知感恩、自私自利。

"如果家长过分关注孩子，孩子很容易以自我为中心，长大后不能适应家庭以外的人对他有任何的不关注、不遵从，会给人际关系带来很大的麻烦。

"如果家长包办了孩子的所有事情，孩子就丧失了锻炼能力的机会，如果有一天需要孩子独立面对时，孩子却无力承担。

"有求必应的家长不能给孩子自己追求的机会，孩子不能知道获得有多辛苦，不能学会珍惜。

"以上几种方式都会造成孩子不负责任、依赖性强、挫折容忍力差的性格特点。"

溺爱会让孩子变得：

·以自我为中心，不知感恩，自私；

·不能独立，能力不强，自卑；

·挫折忍受力差，不敢承担责任；

·不懂生活真相，不知感恩，不知珍惜。

“因此，做家长的要做到：

“不要包办，而是鼓励孩子做力所能及的事情；

“不要代替，而是鼓励孩子自己拿主意并承担决策的后果；

“不要特殊照顾，而是平等相处；

“不要牺牲，而是积极地生活，给孩子做榜样；

“不要过分关注，而是在坚持大原则的前提下允许孩子自己寻找解决问题的方法。

“把孩子自己所要承担的、所要负责的、所要解决的，交给孩子自己，家长只是陪伴、引导或是帮助，而不是取而代之。”

不溺爱意味着：

不包办、不代替、不牺牲自我、不过分关注、不过分满足、不特殊照顾；

鼓励孩子自立、独立、决策并承担后果（让孩子自己做选择，尊重孩子的努力，在孩子执行过程中适当关注，鼓励孩子善用外部资源，不要着急告诉孩子答案）。

“老师，那要怎么做呢？”一位妈妈问。

“在家里，首先培养孩子的习惯，让孩子承担他的家庭责任。”

“这么小能有什么家庭责任？”

“做家务啊。家务是我们每位家庭成员都要分担的。”

有位妈妈着急地问：“怎么让孩子做家务呢？我看美国家庭的做法是给钱。”

“你的做法呢？”谨没有直接回答，而是笑着先问提问的妈妈。

“我开始也给……”妈妈支支吾吾地说不下去了，“后来……”

“效果不好吧？”谨微笑着问。

“真是不好。他有时候会跟我说：‘妈妈，你多给我一点钱，这点钱不够。’或者：‘妈妈，隔壁家的多给了两元钱。’……”

“还有一种可能……”谨提醒了一下。

“对啊，他后来干脆跟我说：‘妈妈，我不要钱了，所以，别让我干活了。’”

“哈哈哈……”大家都被这位妈妈所说的事实逗笑了。

谨等大家的笑声落了下去，开始说：“所以，我不建议用给钱的方法。孩子学习做家务，是对他自身有益的事情，应该让他懂得做家务活的意义。这不但是人们生活的最基础的技能，也是培养锻炼人的意志。“只是现代的成年人，自己都不愿意做家务活了，最好家里有个保姆照顾着，收拾好一切。其实这并不一定是好事……”

谨继续说，有些妈妈已经低下了头。

“我来给大家说说做家务活吧。”谨提高了声调，我也随大家坐直了身子。是啊，先得知道为什么，再知道怎么做。

“我曾经听过一位日本企业家的故事。这个企业家曾经对待工人十分苛刻，对客户也精打细算，于是，经济危机到了的时候，工厂里工人都走光了，没有人留下来。有一天，他坐在冷冷清清的厂房里，看着眼前乱糟糟的一切，忽然想到要整理打扫一下。于是，他就收拾起来。他干了一天，很累很辛苦，但是当他看到厂里整洁明亮时，他忽然感到非常的有成就感。后来，他就每天这样打扫。”谨顿了顿，大家都很投入地听着，没有人提问或是插话。于是谨接着说：“慢慢地，这位老人就起了变化，他慢慢地从中体会到工人的不易，体会到自己当初的苛刻，扫地让他从此有了谦卑之心。于是，他把重要的工人挨个去请回来，改变了他对工人对客户的态度，结果，生意越做越大。”

这个故事触动了我，想想自己就很轻视家务活，很少从中找到成就感，也很难让自己真正热爱起生活中的点点滴滴来。而自己的先生，常常会为了一桌晚餐而尽心尽力。其实，这一顿晚餐里包含着多少对生活的热爱，对家的热爱……

我想着入了神，被谨接下来的一段话打断了：

“家务活，对孩子的成长也很重要。大家能不能就自己的亲身感受来谈谈你认为家务活对你自己成长的好处有哪些？”

“培养家庭责任感。”

“培养动手能力。”

“做家务的过程中，会遇到困难，遇到困难就得想办法解决。所以，我觉得最重要的是培养了我解决问题的能力。”

……

“说得都挺好。”谨微笑着看着大家，“心理学研究认为，做家务活的孩子成年后责任感强、工作能力强、社交也很好。”

“老师，再跟我们说说，让孩子干家务活应该注意些什么吧！”

“好，那我就简单说几点：

“第一，家务活要全家共同分配，每个人可以认领家务活，孩子自己选择做哪些家务，让孩子感到自己拥有选择的权利，会心甘情愿去做自己选择的工作。

“第二，要让孩子做家务觉得自豪。要告诉孩子，他做家务给家庭带来了很大的帮助。孩子积极地参与劳动比做得如何来说更为重要。

“第三，要给孩子做示范。一个总体的任务分成几个细的步骤来进行，父母要亲自给孩子做示范，回答孩子的疑问，直到孩子能够独立完成。父母的耐心是至关重要的，不要批评他，高高兴兴地提醒他。

“第四，按孩子的年龄、性别分配不同的工作，给孩子提供合适的工具。

“第五，父母自己要给孩子做个好榜样，不能当着孩子的面抱怨做家务的烦琐和无聊。

“第六，不要强迫孩子。如果孩子正在玩，可以给孩子留一个缓和的过程。

“第七，口头奖励或是精神奖励。

“第八，如果孩子会把一项家务做得不错了，应该给他提高要求。”

“老师，孩子现在学习这么忙，我不帮助孩子做家务不行啊，得给他留着时间学习啊！”一位妈妈着急地问。

“千万不要因为孩子学习忙就包办孩子的生活和家务。一方面给孩子很高的学习期望，一方面包办孩子的生活，这样很容易培养出问题孩子来。什么样的问题？高分低能。等孩子拿到了文凭，成年了，一方面对自己成就的期望很高，一方面不愿意吃任何苦，甚至不能照顾好自己的生活。这会让孩子走上社会后面临很大的困惑与问题。”谨回答完，看了看那位妈妈,那位妈妈吐了吐舌头,不说话了。

“老师,”又一个妈妈举手了,“我想问一下,多大的孩子适合干什么样的家务活呢?”

“就是什么才是适合孩子年龄的家务活?”边上一个妈妈补充。

“嗯,关于这个问题,可以参考一下这个表格。”

家务清单

年龄	适合的家务
2岁前	自己扔纸尿裤,自己穿纸尿裤。
2~3岁	把垃圾扔进垃圾箱,帮忙拿取东西,帮把衣服挂上衣架,使用自己的便盆,浇花,整理玩具,洗手。
3~4岁	刷牙,喂宠物,收衣服,洗脸,洗袜子,倒水,自己穿脱衣服,叠衣服。
4~5岁	铺床,收拾饭桌,擦鞋子,扫地,自己准备第二天要穿的衣服。
5~6岁	准备书包,擦窗户,种植植物,收拾自己的房间。
6~7岁	洗碗,打扫自己的房间。
7~12岁	做饭,擦地,清理厕所,会用洗衣机,把垃圾扔到垃圾箱,缝衣服。
13岁以上	基本家务活都会做。

培养孩子做家务,是培养孩子良好的品格和能力、锻炼孩子的意志的重要方法之一。

注意:

·千万不要因为怕耽误孩子学习而不让孩子做家务;

·不要用物质奖励的办法让孩子做家务;

·根据年龄分配合适的家务劳动。

又一位妈妈举手了:“老师,我就是不忍心看到自己的孩子受挫折,我就是忍不住想帮他……”

谨给大家讲了一个故事：

“有一个人发现了一只蝴蝶蛹，他发现蛹上面有一个小孔，里面有一只蝴蝶正挣扎着从小孔里钻出来。蝴蝶好像尽了最大的努力，但过了很久也没有任何进展。这个人就决定帮一下蝴蝶。他找来一把剪刀将蛹上面的小孔剪开，这样蝴蝶轻而易举地就钻出来了。但是，这只蝴蝶的形态和其他蝴蝶却不一样，翅膀又细又弱，身体很臃肿。而且，这种形态再也没有改变，蝴蝶余生都只能拖着大身体和细翅膀在地上爬行。

“所以，让蝴蝶从破茧而出的那一刻来完成蜕变，为飞行储备能量，是大自然设计的。人生一定会经历困难痛苦，孩子在小时候的历练对他的成年会是一种十分有益的锻炼。如果父母急于帮助孩子解决困难，孩子就会变得依赖父母，即使有一天，他不能再依赖父母了，也会去依赖另一个人。”谨顿一顿，继续说，“如果孩子变成这样，他是不会快乐的，因为快乐来自于挣脱困难后获得的喜悦。如果父母在孩子小的时候过度保护他，就会给他日后的成长带来更大的烦恼。”

“那么老师，是不是如果孩子做错了，或者做得不好时，我们也是可以适当批评的？”一位妈妈问。

“那是自然的，客观和尊重事实的批评能帮助孩子认识到自身的不足，本身就是一个挫折教育。记住批评的时候，对事不对人。”谨有所强调。

当孩子遇到挫折和困难时，陪伴孩子，鼓励孩子勇于面对挫折、战胜困难、在困难中勇敢前进。过度保护孩子或者急于帮助孩子解决问题，不是真正的爱。真正的爱，是给他一双强壮的翅膀，让他飞得更高更远。

“老师，我的孩子自制力比较差，请问您有没有培养自制力的好方法？”一位妈妈发问。

“嗯，我个人觉得在孩子小的时候，‘延迟满足’是个不错的方法。”谨回答。

“‘延迟满足’？”妈妈们嘀咕起来。

“通俗地说，就是别让孩子太容易得到，想要什么就能有什么，想怎么样就能怎么样。家长可以用一些办法，来告诉孩子得到一件他想要的东西是需要付诸等待和努力的。”谨向大家解释。

“具体点行吗，老师？”有位妈妈还不太明白。

“举两个例子来说。”谨说，“对于5岁的孩子你可以说‘妈妈同意你买这个玩具，但是妈妈现在钱不够，所以，如果你可以多等上两周的话，妈妈可以多买一个小礼物给你’；对于6岁以上的孩子你可以说‘妈妈同意让你玩这个游戏，但是如果你现在马上就玩，只能玩5分钟；如果你做完作业再去玩，可以玩20分钟’。或者，你可以说：‘等到圣诞节，如果你各方面表现得都很好，认真学习、团结同学、做好家务，圣诞老人会奖励你一份你最想要的礼物。’”

“哦……”妈妈们算是听明白了。

延迟满足是训练孩子自制力的一个重要方法，即培养孩子可以为了长远目标暂时牺牲眼前利益。

“老师，怎样培养孩子们的行为习惯呢？从什么时候开始培养呢？”又一位妈妈接着问。

"两岁左右就可以培养孩子的行为习惯了。但是要记住,家长的耐心很重要,示范给孩子看、提醒孩子直到孩子完全掌握。家长不要因为孩子一开始没按要求做到就大发脾气,这样反而不利于孩子习惯的养成。"

"行为习惯?具体指什么呢?"我听不大明白,于是举手提问。

"我们要根据孩子成长年龄培养习惯:

"在学前阶段,主要培养孩子的生活习惯,比如穿衣或脱衣后整齐叠放、用完东西都收拾归位;比如如何用餐、敲门、摆放鞋子、递剪刀、用胶水、花钱;比如安全知识,包括电插座、窗户、洗衣机、微波炉、烤箱的注意事项;比如人际交流,如何问好、如何面对陌生人的提问等。

"在小学阶段,就要培养孩子良好的品德、学习习惯以及适合他们年龄的行为习惯。但需要注意的是,培养孩子的行为习惯,也是在尊重孩子的基础上进行,需要与孩子一起制定规则,并且加以引导。"

"老师,我们家的孩子有些不好的习惯已经形成了,应该怎么来改呢?"又有妈妈问。

"改变习惯不是一蹴而就的,要分阶段制定容易达到的目标,引导孩子一步步向正确的方向行进。在这期间,注意以提醒和鼓励为主。习惯的初步养成需要21天的时间,但是要让习惯稳固地形成一种品质则需要90天的时间。"

根据孩子的年龄培养孩子的品格、人际交往准则和行为习惯。

培养习惯要在尊重孩子的基础上进行。比如,和孩子一起制订培养习惯的计划与要求。

改变习惯是一个循序渐进的过程。

课程结束了，我整理了今天的内容：

其实培养孩子独立的能力、良好的习惯、优秀的品质对孩子的成长至关重要。我们毕竟不能陪孩子一辈子，未来的路还要靠他自己走。如果父母过度溺爱孩子，就折断了孩子展翅高飞的翅膀。

拓展阅读(节选自《习惯决定孩子的一生》,孙云晓著,北京师范大学出版社):

***少年儿童良好习惯的12个重点培养内容**

分类	重点指标	对应人格	具体表现
做人	真诚待人	真爱	礼貌待人、孝敬父母、尊敬师长、真诚待人
	诚实守信	诚信	说话算数、认真兑现承诺、主动认错并承担责任、归还借来的东西
	认真负责	责任心	自己的事情自己做、敢于承担责任、学习认真
	自信自强	乐观	生活有规律、按时作息、坚持体育锻炼、穿戴整洁、讲究个人卫生、情绪饱满乐观、敢于竞争与参与、面对困难与挫折不退缩
做事	遵守规则	规则意识	遵守家规、遵守纪律、遵守交通秩序、公共场合不打闹嬉笑、外出时文明有序
	讲究效率	效率意识	做事有计划、讲究方法、珍惜时间、善于自我管理
	友善合作	合作	不打人骂人、不歧视同学、不起绰号、善于交往、关心班集体
	合理消费	勤俭节约	爱惜个人用品、吃穿不浪费、不乱花钱、节约能源
学习	主动学习	自我能动性	学习有计划、有方法、学习时间有保证、课余生活有安排
	独立思考	独立	勤于动脑、敢于提问与质疑、主动与人讨论、大胆想象和联想
	学用结合	勇于实践	动手操作、参与劳动、仔细观察、注重体验
	总结反思	勤于创新	及时总结、整理知识、勤于反思、处理信息

第四课

民主权威型教养——自主和自律的双丰收

之前，谨已经分析了4种教养方式“放任、冷漠、专制、溺爱”，这周应该讲最后一种，最重要的教养方式，也是培养出优秀孩子的“民主权威型”教养方式。

在绿荫庇护下的院子里，谨和大家寒暄了几句，就开始了讲课。

“今天，我们要来讲第五种教养方式了。这种教养方式是我向大家建议的教养方式，这种方式为什么那么好我们要来分析分析，还有一个关键就是我们要怎样来实现它。”

谨在白板上写下“民主权威型教养”。

“民主权威型父母，采用既有控制又有变通的教养方式：

“父母对孩子提出合理的要求，并且会认真地解释说明为什么要服从他们所设的限制，并确保孩子遵守这些原则。他们允许孩子有不同的意见，民主地听取孩子的意见。如果孩子的意见有道理，他们会赏识并给予采纳。而在家庭决策中，权威型父母会鼓励孩子参与。

“他们人性化地设定了标准，保证这些标准孩子能够理解并达到，同时给予孩子一定的自主权，不但可以表达自己的想法，而且可以选择实现的标准。

“这些行为方式向孩子传达了重要信息：孩子，我相信你是有想法的人，我重视你的想法，你的想法也是有道理的；孩子，我相信你是一个很有能力的人，我相信你能够自立，能够实现这些目标。

“鲍姆林德的追踪研究总结：民主权威型教养方式下的孩子，在儿童期时，在对事物的理解、思维的原创性、高成就动机、喜欢智力方面的挑战这些方面表现都很好；社会交往的能力（乐群、友善、积极参加集体活动并在其中表现领导才能）高；在青少年期时，具有高自尊、社会技能出色，具有强烈的道德、亲社会取向，学习成绩优异。也就是说，平等与尊重的父母教养出来的孩子能力性格表现优异。”

民主权威型的家庭教养方式：

·对孩子要求合理，允许孩子自行决定如何完成目标；

·允许孩子参与制定与修改规则，监督孩子执行规则；

·培养出有自信，能力与道德发展良好的优秀孩子。

“接下来，我再来讲讲其他研究结论。”谨继续用其他相关研究来分析民主权威型教养。

“首先，研究上认为，民主权威型教养方式教育出的孩子开朗，有追求真理的精神，能辨别是非，善于思考，这些孩子有主见，善于倾听别人意见，有良好的控制力和社会适应能力。

“其次，在孩子创造力和成就感上，这种教养方式下的孩子也有绝对的优势。在20世纪80年代至21世纪初，就有研究者发现，创造力受儿童家庭环境的影响要大于基因的影响。具体来说，父母鼓励对知识的好奇心，给孩子很多自主权选择自己的兴趣，允许孩子深入探索，这些孩子在发散思维上会表现得更好。

“1986年埃尔斯莫尔的研究发现，不同教养方式的微妙差异会对儿童的成就倾向产生很大的影响。如果母亲在监控孩子问题解决过程中给予大量正面的鼓励，以开玩笑的方式缓解紧张，当孩子出现一点进步时为之欢呼，好像在传达这样一种态度，即‘战胜困难是令人开心的’，孩子因此会对一项困难的任务表现出自信而且快乐地去解决；而如果母亲在孩子解决问题时，只催促孩子向前，孩子没有进步就会表现出不悦，孩子接收的信息就是‘解决问题会有不被认可的风险’，因此，孩子就会倾向于解决简单的问题，而逃避较难的任务。”

民主权威型教养被研究证实：

·可以培养孩子良好的社会性人格；

·可以培养孩子的创造性；

·可以培养孩子的成就动机。

“老师，”一位妈妈举起手来打断谨，“能不能讲讲民主权威型和其他教养方式的区别在哪里？”

谨笑了笑，示意她把手放下。

“心理学家们总结民主权威型的父母是和蔼而接纳的。首先，做这样的父母所传达的是充满爱心的关切，这会使孩子听父母的话，冷淡而苛求（专制）父母的孩子就不会这么做。”

“老师的意思是：孩子听不听话是由父母的爱心和关切影响的。如果是专制型父母的孩子很可能会撒谎和阳奉阴违；放任型父母是听孩子的；冷漠型父母更别想让孩子听父母的了。”我想。

“其次，大家注意在控制孩子的方式上，专制型的父母会给孩子设定非常死板的标准并支配孩子，孩子可以表达的自由非常少。但民主权威型父母会用合理、理性的方式施加控制，认真解释自己的想法，同时，也会考虑孩子的想法。关爱而接纳的父母，对待孩子是公平合理而非武断蛮横的要求，孩子很可能自觉服从，而不是抱怨或反抗。所以和专制型父母相比，民主权威型父母最大的不同在于：他们尊重孩子的人格。

“总的来说，民主权威型教养方式，既给了孩子爱，又理性地限制了孩子，也就是用一套规则帮助孩子规范和评价自己的行为。没有这种引导，孩子可能难以自控，变得自私、缺乏目标，但是过多地控制，刻板地限制，又可能使孩子难以自立，对自己的决策缺乏自信。”

“原来是这样，我说孩子怎么老不听话，原来原因都出在自己身上。”一位妈妈喃喃自语。

“可是，孩子的表现会不会影响家长的教养方式？”

“当然会。”

“老师，我还有一个疑虑。”

“请说。”

“我一开始是给孩子民主，后来发现他要上天了，才改严厉的……”这位妈妈的话引得大家笑起来。

“鲍姆林德认为，民主权威型父母的孩子，在开始时往往会反抗父母的要求，但只要父母坚持自己的要求，同时又有足够的耐心等孩子变得顺从，不强制、不暴力，但也不迁就孩子的无礼要求，久而久之，孩子最终就会变得顺从。

“而相反，如果是专制型父母的孩子，被父母强调不许这样，不许那样，孩子反而在顺从性与合作性等方面都表现比较差，而且年龄越大，行为问题就越多。

“许多家长到孩子青春期时，管不住孩子，打不了孩子时才去找咨询师，事实上，家长在孩子出生时教育理念就错了。”

“哦，原来是这样。”妈妈们纷纷点头。

民主权威型的教养方式会让孩子听妈妈的话，因为：

·向孩子表达了爱的关切而不是冷漠；

·合理理性的规则而不是死板的规则；

·有足够的耐心等孩子变得顺从，不强制、不暴力，但也不迁就孩子的无礼要求。

·尊重孩子的人格。

“大家想一想，这种教养方式下的孩子会是什么样子的？”

“家长允许孩子参与制定规则，孩子肯定很会思考。”

“孩子敢于表达自己的思想。”

“懂得遵守规则。”

“家长会和孩子讨论并修改规则，孩子也会学会人性化变通，不会死板。”

“所以，”谨微笑着说，“我们将培养出自主自律的孩子，对吗？”

民主权威型的教养方式培养出：

自主而又自律的孩子。

“老师，那要如何做呢？”一位妈妈问，“我很想当一位民主权威型的妈妈。”

“这是我们接下来要讲的重点。”

民主权威型教养有这么多的好处，我在笔记本上做了总结：

> 民主权威的教养方式既尊重孩子，又要理性运用合理的规则规范孩子的行为，规则并不死板。民主权威的教养充满人性化，这是科学的教养方式。在这种教养方式下培养的孩子能感受到父母的爱和尊重，在自由和规则的平衡中发展，孩子容易和父母合作，发展出良好的社会性人格、创造性和成就动机，成为既自主又自律的孩子。

第五课

平等和尊重的沟通——实现民主权威型教养

下午的课与沟通有关。

“实现民主权威型的教养很重要地体现在如何与孩子沟通上，其中有两个重点，一是平等与尊重；二是具体沟通的原则与方法。”

谨说：“我们先讲平等与尊重，因为我觉得这是我们与孩子沟通的基础。我们要学会尊重孩子，在人格上我们和孩子是平等的。现在我和大家的视线是平行的，”谨坐在那里，将手举到眼睛前做了一个向前平行的动作，接着说，“我这里的凳子比较矮，大家现在坐着的高度和孩子的高度差不多，如果……”谨突然站了起来，我的视线一下子抬高了，因为谨的身材微瘦，看上去更高一些，这让我觉得坐着仰视的感觉明显不舒服。

谨却似乎意犹未尽，她绕到妈妈们身边，特意让大家感受一下她高挑的身材。她好像看出了我的不适，特意站到了我身边，先是低眼，接着俯身看着我，我仰头迎向谨直逼而来的脸，觉得很有压迫感。我忍不住有个冲动，想站起来和谨平视说话。

谨轻轻地拍了拍我的肩，快步回到位子上坐下：“大家喜欢我站着和大家说话还是坐着和大家说话？”

“当然是坐着，”妈妈中有人大声回答，“老师，您本来就高，站起来显得更高了,让人看着很有压力。”

“是啊,你们都喜欢我坐着和大家说话,因为这样我们的视线是平行的,感觉舒服。是这样吗?”

大家纷纷点头。

“那么,你们平时会怎么和孩子说话呢?”谨突然抛出的问题,让大家面面相觑。

“如果你有孩子,就让他和你的眼神能够平视,这样的交流,不但让你的孩子觉得受到了平等的待遇,而且,能帮助你真正地倾听孩子的语言。

“我们来看两个关于交流的例子。”

案例一:

“我吃饱了。”

“乱讲,哪可能吃饱了?才吃了这么一点,必须全吃完!”

“可是,我真的吃饱了,我的肚子都快撑爆啦。”

“胡说八道,你这么大了,要把这些全吃完。吃不完不许下桌!”

案例二:

“孩子,我们该去上幼儿园了。”

“妈妈,我今天肚子疼。我不想去了。”

“哦,肚子疼吗?”

(妈妈发现孩子刚才还活蹦乱跳,并没有肚子疼的迹象,但是妈妈并没有拆穿孩子,而是顺着孩子的话往下说。)

“很疼吗?那我们去医院吧,让医生阿姨给看看。”

“不行，妈妈，”孩子为难地说，“我不想去医院。”

“那肚子疼怎么办呢？要去检查啊。”

“妈妈，其实也没有那么疼。”

“那么，你刚才为什么说肚子疼呢？”妈妈直视孩子的目光，鼓励孩子说出心里话，“你告诉妈妈原因好吗？妈妈想听你说心里话，妈妈是你的好朋友。”

“嗯，昨天壮壮打我，他老打我。”孩子快哭了。

“是吗？这件事情要早点告诉妈妈啊，妈妈和老师说，让老师和壮壮谈谈，这样壮壮就不会打你了。”

孩子点点头。

“以后，发生了什么不开心的事情或是开心的事情，都回来告诉妈妈好吗？妈妈是你的好朋友。”妈妈把孩子搂在怀里，轻抚着孩子的背说。

“有没有哪位妈妈愿意来点评一下这两个例子？”谨微笑着问。

“第一个妈妈不尊重孩子的想法，认为孩子是在撒谎，把自己的主观想法强加在孩子身上；第二个妈妈很尊重孩子，没有拆穿孩子的谎言，维护了孩子的自尊，并且引导孩子说出心里话，解决了问题。”一个妈妈大方地回应了谨的邀请。

“非常好。”谨赞赏地点点头，“试想一下，如果第一个妈妈来处理第二个孩子会发生什么呢？有没有人来演示一下？景仪，可以吗？”谨微笑着看着我。

“嗯……妈妈要上班了，家里没有其他人送你去幼儿园，我们还是赶紧上学去吧。一点点肚子疼不要紧的，忍一下就好了，男子汉，要坚强。”我回答。

“嗯，如果现在你是孩子，我是妈妈，我这样对你说，你的感受和决定会是什么样子的？”谨看着我问。

“我……”我认真体会了一下，“我就不想和妈妈说话了……”

“为什么？”谨接着问。

“因为我觉得妈妈不会认真地听我说话，也不会帮我解决问题，而且，妈妈对我不满意，还会对我提更高的要求。”我回答。

“所以，照你这样的思维，作为孩子，你可能就不会再和妈妈表达自己的感受和愿望了，时间久了，你会越来越掩饰自己的内心，也可能逐渐地把妈妈的想法当成自己的需要，压抑自己，是吗？”谨转向大家问，“但这是孩子想要的生活吗？是妈妈想要的结果吗？”

大家纷纷摇头。

谨拿起笔，在白板上写下“平等”“尊重”。

平等与尊重

是亲子交流最重要的基石。

“为什么，为什么我们要平等地对待孩子，要尊重孩子呢？”谨又开始提问了。

妈妈们开始头脑风暴。

“因为这样对孩子更公平。”

“我们自己都希望受到平等的对待，希望得到尊重。”

谨微笑着看着大家，等大家的议论声渐渐低了下去又说：“好，我们来看两个家庭常见的场景。”

场景一：

小明从幼儿园回到家里，觉得口渴了。但是，看到妈妈正在厨房给爸爸准备晚饭，于是想自己拿水喝。因为在幼儿园，小朋友都是自己打水，小明认为自己能做到。

但是，小明还是不小心打翻了杯子，把水洒了一身。水有点烫，小明禁不住向妈妈求救："妈妈，妈妈。"

"怎么了？"妈妈听到小明的哭喊声跑出来一看，水杯打翻了，衣服全湿了，桌子和地上还有一摊水。

"怎么回事啊？"妈妈顿时火冒三丈，想起锅里还煮着菜，一会儿孩子爸爸回来就要开饭了，这到处都是湿的，要换衣服、洗衣服，还要擦地，无形中工作量又增加了许多，妈妈越想越生气，冲口而出："你真是笨啊，连一个杯子都端不好，长大还能干什么?!"

场景二：

小明今天打算帮妈妈拖地，小家伙兴致很高，很想帮妈妈分担一点家务，很想得到妈妈的表扬。

尽管拖把在小明手里显得十分沉重，但是他还是很用力地在拖。

"妈妈，你看，我能拖地啦。"

"哎呀，你那是拖地吗？别捣乱了。"小明妈妈一把夺下小明的拖把，指着墙角说，"站在那儿，好好学学，看看妈妈是怎么拖的。"

小明被妈妈的语气吓住了，没想到帮妈妈做事情还要挨骂，于是，低着头乖乖地站到墙边，眼眶里全是泪水。

"这样的场景大家熟悉吗？好些大人会这样，他们只关注事情的结果做得完美还是不完美,却没有关注到孩子做这件事情的能力,以及孩子做这件事情是出于善意的初衷。”

“更可怕的是,”谨提高了声调,“这两位妈妈都在无意识地伤害孩子的自尊。‘你真是笨啊,连一个杯子都端不好,长大还能干什么?!’‘哎呀,你那是拖地吗?别捣乱了。’这样的语言,给孩子的信息就是:你是多么的无能,你连一点小事都做不好,你还能干什么?

“孩子长期受到这样的评价,只能形成他的低自尊和低自信。他不会爱自己,更不会瞧得起自己,在他看来,自己就是没用。

“一个对自己评价很低、没有自尊心的人,在未来的生活中会出现各种各样的社会问题。比如网瘾、酗酒等。

“著名的家庭治疗大师弗吉尼亚·萨提亚博士经过长期的工作总结出:

“自我价值感高的人:沟通直接、清楚、明确、真诚;规则富有弹性、人性化、恰当而且可变;与社会的联系是开放的、充满希望的,是在选择的基础上建立的;

“自我价值感低的人:沟通间接、含糊、不真诚;规则严格、非人性化、不可谈判、永恒不变;以畏惧、谴责的方式与社会发生联系。

“这就是我们强调平等与尊重的原因之一。”谨强调,“因为平等和尊重才能培养出高自我价值感的孩子,而且,当我们用平等与尊重的方式与孩子交流,孩子也会在未来的家庭与社会生活中,平等与尊重地与他人交流,理解他人的处境和行为的原因,在人际关系中多一份宽容与从容,并且将这种良好的沟通模式通过家庭教育延续下去。”

平等与尊重地沟通，充分理解孩子的处境，给予正面的指导，这样做可以培养孩子的高价值感。

高价值感的孩子能够有效沟通、人性化地理解和对待规则；对外开放、乐观、懂得妥协与选择，不呆板。而且这种方式会影响孩子未来在社会与家庭关系中的沟通方式。

“好，这两种情景，你们会怎么处理？愿意分享吗？”谨笑着问。

“杯子打翻了不要紧。下次注意用两只手端稳了就不会洒了，做事情不要太着急，急了容易出错。”

“没关系的，妈妈陪你先去把衣服换了，换好了我们一起来处理。”

“和我一起拿两块布，我们一起把桌上和地上的水擦干净。”

“哟，小伙子能帮妈妈拖地，真了不起。”

“孩子做得不错，但是，拖地板要从左到右顺着拖，妈妈握着你的手，教你怎么拖，下次你记着这样按顺序拖，就能拖得干净，不会有遗漏了。”

谨听着妈妈们的答案，赞许地点着头。

“刚才，我们谈的是平等与尊重地沟通对孩子人格方面的影响。接下来我们看看平等与尊重地沟通对于孩子学习有什么影响。我这里有两位家长在微博上的分享。”

案例一：

今天豆豆要完成老师布置的作业，科学小观察。我凑过去一看，她写的是“头发的热胀冷缩现象”“洗头的时候，头发在水里是一根一根散开的,拿出水面,会贴在一起”。我心想,这哪是什么热胀冷缩现象?这交上去怎么能算完成了科学作业呢?于是,我向她建议:写不同的物质在水里的浮力不一样,比如,有的东西重会沉下去,有的东西轻会漂在水面上。豆豆却急了:“这个谁都懂啊,我就要写我觉得奇怪的事情。”看她这么不虚心,我脸上挂不住了,瞪着她,准备呵斥她。她却理直气壮地说,这是我的观察!我冷静想想,我们司空见惯的现象,我也不会解释啊。于是我和豆豆一起上网百度,万能的度娘解释说,这是液体的表面张力造成的。我特地向豆豆表示了感谢,因为她的坚持,我得到了一个被忽略的知识。我庆幸自己及时收回自己的成见,也庆幸豆豆坚持了自己的主见。这件事给我的启示是:相信孩子,她具备的好奇心和观察力往往比我们的经验可贵,永远不要代替她的思考。不要做傲慢的父母,在孩子面前要谦逊和尊重。

案例二(一位父亲的分享):

我的儿子才5岁,他已经能自己拼出许多拼音。可我觉得,太可怕了!你们知道吗?他坐在那里,拿着拼字母,像拼图一样,拼出来再读出来。就这样,自己能拼上许久,动都不动。他是不是有病啊?有的时候,我们会强行把他的拼音收了,觉得这样下去,这东西会害了他。

谨等大家看完,开始评论:“显然,这是父母在对孩子学习上的两种态度。

“第一位母亲表达得很到位也很准确,这是一位聪明的母亲,她从和孩子沟通的一件小事上,已经领悟到对孩子观察力的尊重,克制自己以往的经验对于孩子独立观察与发现的阻挠。孩子的观察力和主见是创造的第一步。

“第二位父亲表现得就比较差。孩子本来有很好的专注力和学习力，但是被他强行破坏掉了。”

“这个对比是很明显的。”有个妈妈反馈自己的想法，“只是，用来说明对孩子学习的影响好像不够直接有力，老师能不能补充告诉我们理论或是研究成果？”

“好的，我们来看看心理学的研究成果。”谨打开了一张PPT。

“父母对孩子的平等与尊重，给孩子设立宽松的家庭心理环境，给孩子留有充分选择的余地，这样做，可以保护孩子的好奇心、直觉思维能力，解除孩子对答错问题的恐惧心理，有利于孩子发展发散性思维能力，鼓励孩子保持独立性与创新精神。”

平等与尊重的家长可以保护孩子创造力的基本素质，

即：

好奇心、观察力、直觉思维、发散思维、独立性、创新精神。

“大家试想一下，如果家长不给孩子实践创新的机会，不给孩子大胆发言的机会，孩子能有主见，能有创造性吗？只有顺从和唯唯诺诺。可是我们的家长，在孩子小的时候，要求孩子听话，等孩子长大参加工作的时候，又抱怨孩子缺乏主见、不能独立思考、依赖性强、不敢发表自己的看法与意见……殊不知正是家长的专制、控制才导致孩子形成现在的性格。孩子不愿意和不能理解自己的人交朋友，话不投机半句多啊。如果孩子也不愿意对父母敞开心扉，必要时还瞒着父母，撒谎的行为就形成了。”

谨顿了顿，继续说：“作为父母，当我们抱怨孩子不听话，当我们抱怨孩子什么心里话都不跟你说时，就得先看看自己与孩子之间是不是平等与尊重了，说话的语气对不对，方式对不对。如果我们经常用指责、羞辱、强迫的语气和孩子交流，就要改用尊重的、商量的、鼓励的、赞赏的交流方式，这样就容易沟通多了。

"如果我们在沟通中能够换位思考，能够更宽容地看待事情，很多时候就能够避免不必要的误会，而你教给孩子如何换位思考的最好办法，就是你能做到理解他的处境和想法。

"如果我们讨论家庭事务让孩子参与讨论决策，不但能让孩子感受到他是家庭中重要的一员，而且这个过程还有助于培养孩子的独立思考能力。"

平等与尊重的沟通有助于：

·培养良好的亲子沟通模式；

·培养孩子换位思考的智慧；

·使孩子感受到是家庭重要的一员，从小培养孩子的独立思考与判断决策能力。

"老师，您这样说我们理解了。"一位妈妈提议，"但是这些都是案例，有没有一些实用的操作方法教给我们？"

"接下来，我们就来介绍一下亲子沟通的具体操作方法。"谨打开了另一个文档：

1.学会倾听孩子说话

什么是真正的倾听？倾听是你全神贯注地看和听，看孩子说话时的表情、动作，认真地听孩子的想法。要注视着孩子的眼睛，放下手上所有事情，边听边有所回应，能重复说出孩子的感受。如果孩子是3~6岁，为了不让孩子失望，可以用孩子喜欢的幻想方式帮助孩子实现愿望。

需要注意的是，不要主观猜测孩子的想法，更不要主观判断，因为这都可能用自己的想法取代孩子的想法，如果没有听明白孩子的想法或者你从孩子的行为中觉察出孩子是在违心地表达，你可以将自己的想法表达出来和孩子好好交流。

父母要学会倾听孩子说话，不但姿态上要能让孩子感觉到，而且要能重复说出孩子的感受。

对于6岁前的小朋友解决不了的问题，可以用幻想和游戏的办法。

2.日常生活中鼓励孩子的合作行为

向孩子描述问题："毛毛，马上就要吃饭啦"；

提示："要按时吃饭，不按时吃饭，肚子会痛啊"；

说出家长的感受："你肚子痛，你难受，妈妈也会心疼啊"；

留出时间："再玩5分钟，我们就收玩具了啊"；

及时鼓励："今天及时收玩具了，表现很好，以后要坚持啊"。

日常生活中，孩子不能马上合作的，不但要对他解释道理，表达父母自己的感受，而且要留出调整行为的时间，最后还要及时鼓励。

3.当孩子犯错误时,家长发泄自己的情绪并不能帮助到孩子认识与修正错误

如果孩子行为不当,孩子并不是有意地犯错误,家长一定不要采用伤害孩子自尊的方法,此时,责罚对于孩子心灵的伤害是抹不去的,因为孩子事先并没有被告知规则,或这样做的害处。

家长如果在这种情况下暴怒或者重重责罚孩子,那么孩子的注意点只会在家长的情绪上,孩子只想到了"妈妈生气了,我好害怕,我很担心,我不想被责罚,以后我再也不做或是偷偷地做,总之不要被她发现就好"。这实际上是剥夺了孩子从内心深处对自己错误行为的反省,只会让孩子学会逃避责任和撒谎。而充满慈爱的父母首先要做孩子的支柱,帮助受惊的孩子战胜恐惧感与罪恶感,然后坦诚地与孩子交流,倾听孩子的心声,理解孩子的感受。如果孩子思想确有不当,待孩子情绪平稳之后,家长再选择合适的时机,对孩子进行说教。

同时,家长要意识到孩子惹麻烦是正常的,这是生活学习的过程,因此,不要在孩子惹麻烦时把孩子看成麻烦的制造者,而要把他们当作解决问题的积极参与者。因此,在让孩子体验错误行为的自然后果之后,需要告诉孩子怎样弥补自己的失误并采取行动。而这种教育,是言传身教,绝不是有的家长对孩子说你不能打人,自己在家里却不高兴就抄起棍子打孩子。

"老师,具体应该怎么做呢?"一位妈妈想了解具体的操作方法。

"第一步要先平定情绪,大人要平复情绪,孩子也需要平复情绪。

"第二步,大人要倾听孩子的声音,让孩子表达事情的经过、自己的思考和感受,如果孩子还不太能表达,大人要能引导孩子表达。

"第三步,大人与孩子共情,讨论孩子的感受与需求,复述孩子行为的原因，表达对孩子情绪上的理解与接纳，让他感受家长的理解。

“第四步，大人表达自己对孩子行为的看法与感受，并帮助孩子面对行为后果。

“第五步，大人引导孩子一起思考，头脑风暴或给孩子提供有限选择，共同找出解决问题的方法。”谨回答。

犯错是孩子学习的过程，孩子不可能不犯错。

当孩子犯错误时：

·首先，应该做孩子的支柱，帮助孩子克服恐惧感；如果家长此时发怒并责罚孩子，孩子有可能学会的是逃避责任和撒谎。

·其次，理解孩子的想法，舒缓孩子情绪。

·最后，用引导的方法教孩子解决问题。

沟通的步骤：平定情绪，倾听，共情，表达感受，找到解决问题的方法。

记住：孩子不是麻烦的制造者，而是解决问题的积极参与者。

4.对于屡教不改的孩子，家长需要引导其行为

关于制定规则，要注意以下两点：

（1）邀请孩子一同参与家庭规则的制定，要求孩子自己提出不合适的行为及相应的惩罚、相应的鼓励措施。

（2）规则制定后，家长要与孩子共同执行，态度坚决。惩罚的措施可以是一定时间的面壁思过，惩罚结束了，家长要明确告知孩子为什么被惩罚。

鼓励在某种程度上更重要，因为鼓励能让孩子选择并坚持行为的理由更有吸引力，更快乐，而且更愿意为自己树立较高的目标。及时鼓励孩子的具体做法是：描述你所看到的行为，描述你由此而得到的美好感受，比如："孩子，你今天拖了地板，而且拖得很认真，地板变得很干净，让妈妈觉得家务活轻松了好多，妈妈要谢谢你。来，妈妈抱一下。"

纠正孩子的行为，可以和他一起制定规则，说好奖惩的办法，

规则制定后要执行。

鼓励要及时，并且要具体说出表现好的行为。

5.帮助孩子形成积极的自我评价和积极的思维方式

首先，家长们一定要学会智慧地评价孩子的行为，比如：

"你怎么这么干，这么做不对"可以换成"你能不能尝试一种新的方法"，可能效果会更好；

"你怎么又做得这么差"可以换成"努力一下应该能更好"；

"你怎么这么自私"可以换成"如果你试着为别人想一下，别人会感激和回报你的"；

"你这么做浪费时间" 可以换成 "你可以试一下如何合理地安排时间，这样可以节省时间做更多的事情"；

"你怎么这么没礼貌"可以换成"如果你有礼貌，周围人会更喜欢你"。

……

其次，要鼓励孩子突破自我、勇于创新。

告诉孩子可以真实地表达自己，妈妈会认真倾听并理解；

当孩子有了突破，要及时指出来，并表达感受，让孩子看到一个全新的自我，对自己另眼相看。

家长积极思维与评价孩子，鼓励孩子表达自我，有助于帮助孩子树立自信、突破自我。

“收获如何？”谨问我。

“收获很大！今天学习了这么重要的知识，我很高兴。”

谨点点头说：“家庭教养方式是培养孩子人格的重要方式方法，所以非常重要。家庭教育最重要的目标不是培养孩子成为一名大学生，而是培养孩子良好的社会性人格。因为一个人格完整的人更容易幸福。”

“人格……”我自言自语嘀咕了一句。

谨拍了拍我：“我们很快就会说到的。现在来帮我贴上戴安娜·鲍姆林德的画像吧。”

我想起那面要贴上心理学家画像的墙。

“贴第几个框格呢？”

谨沉思了一会儿，说：“左起第四格吧。”

戴安娜·鲍姆林德(Diana Baunrid,1927—？)，美国心理学家，1931—1932年，在安卡拉作为一名讯问讲师创建了土耳其第一个心理学实验室，因而备受欢迎。1935年，她来到加利福尼亚大学伯克利分校，在托尔曼的研究所里工作。她以对家庭教养模式(parentingstyles)的研究而著称。

“为什么是左起第四格，前面3位会是谁？”我一边贴一边心生疑问。

再看看门正对着的那面白墙，谨要求我把学习家庭教育的心得画在墙上，这幅画要如何画呢？

课后小结：

民主权威型教养，父母能平等与尊重地与孩子交流，培养孩子的高自我价值感和积极思维，有利于培养孩子良好的关系能力，培养孩子思考决策与创造能力，培养孩子判断、修正错误和解决问题的能力，从而培养孩子健全的人格。

第二章

在关键期培养孩子的人格

第六课
形成信任感(0~1.5岁)

经过了前5节课的学习，我基本了解了家长应该教养孩子的原则和沟通的方法。我在微信群里发现,参加课程的妈妈们按照学习的教养方式和沟通方法去对待孩子,都有很好的收获。

这个周六一大早,我就到了谨住的小区。谨和一位长发披肩的女子站在院里,看见我到了,抬手指着我介绍:“这是我的助理,景仪。”

那位女子转过身来,冲我淡淡地笑了笑,眉宇间透出了浓浓的心事。

“坐吧。”谨招呼大家一起坐在茶桌边。我放下手包,左右张望了下,很明显今天没有别的妈妈了,看来这一次不是一个课堂,而只是一次聊天,就像谨告诉我的——接待来访的客人。

我将冲泡静置的茉莉花茶倒入玻璃茶盏中,盖上杯盖,递给女子,并示意她先闻香。女子揭开杯盖闻着香气做深呼吸状,茉莉花有理气解郁的功效,那位女子的眉头略微舒展,终于开口小声地说话了:“我是杨老师的亲戚。杨老师让我来找您。”

“杨老师昨天和我说过了。”谨微笑着说,“杨老师和我先生是本科电子系的同学,我们很熟悉。你有什么困惑,尽管问,我尽力为你解答。”

“我的孩子和我不亲,不要我,怎么办?”那位女子眉头又紧蹙。

“孩子不要母亲？”我心里吃了一惊，不自觉地转头去看谨。

“你的孩子多大？”谨问。

“今年两岁了。”女子回答。

“你说，孩子不要你是什么情况，能描述一下吗？”谨继续问。

“我的孩子和我一点都不亲，不愿意和我玩，只要有阿姨在，他就会跑过去跟阿姨玩。而且，他很听我们家阿姨的话，但是我说话，他就不一定听，比如我让他不要跑，慢慢走，他就是不听，但是阿姨一说就管用。

“我很生气，确切地说是嫉妒。前一周我刚把阿姨辞退了，没想到孩子非常不好带，闹着要找阿姨，也不肯睡觉，有时候，为了让孩子睡觉，我和我先生得带着孩子开车到马路上逛，孩子在车里摇摇晃晃，哭累了才能睡着。”女子越说越焦急，越说越难过，禁不住低头抽泣起来。

谨递给那位女子一张纸巾：“以前，你在家里带孩子吗？”

女子接过纸巾拭了拭眼泪，“孩子小的时候，我没有经验带孩子，所以我在家主要做家务和照顾丈夫，孩子从出生起，基本都是阿姨带的。”

“哦。”谨应了一声，“你哄孩子睡觉吗？”

“没有，”女子摇摇头，小声地嘟囔了一句，“这孩子晚上起夜，我睡不好，很难受。”

“这么说，你不陪孩子玩，也不哄孩子睡觉。那么，孩子不和你亲不是很正常吗？”谨的脸色不好看了，“你是不是在心里还怪你们家阿姨？”

女子看着谨，呆呆地点了点头。

谨端起杯子喝茶，沉默了一会儿。

女子自己低头想了想，也喝了口水，但显然疑虑未消，不禁又问谨：“可是，我总是听家里的老人说，不要和孩子太亲，尤其是男孩子会很黏人。还有要给孩子养成很好的习惯，比如定时喂奶吃饭，比如他哭闹的时候，不要马上过去理他，不要惯着他的毛病。”

谨的神色变得凝重起来，轻轻叹了口气：“这么陈旧且不科学的想法，怎么现在还在用？那你们家的阿姨在带孩子这件事情上听你们的吗？”

女子摇了摇头：“她表面应付我，实际上不听。孩子哭了她就去抱，孩子饿了她就喂。孩子有什么要求，她都满足他，所以我怕她把孩子宠坏了。”

谨低头喝了口茶，放下茶杯，将身子往前移了移。

“针对你的情况，我们来聊聊，你听我解释给你听。”在谨的判断里，需要一些更专业的心理学知识来改变这位母亲的育儿观念。

“0～1.5岁的孩子，在心理学上被称为是婴儿期，这是一个重要的发展期。在这个时期里，父母的慈爱与敏感对婴儿养育是极其重要的。

“什么是慈爱与敏感？就是你们家阿姨做的：孩子饿了给他吃，累了让他睡，想玩的东西陪他玩，尿了、便了给他换。每天温和地对待孩子，给他宽松温暖的环境。”

女子脸上露出意外的表情，像在说：“难道我是错的？”

谨没有停下，而是加重了语气：“为什么要这么做？婴儿在这个时候就只有一件任务，那就是生长，你要做的就是满足他生长的需要。

“这个阶段的婴儿是最孤弱的，他没有任何能力来实现他的想法，所以对成人依赖性最大，如果负责照顾婴儿的成人，能用慈爱的方式来满足婴儿的需要，那么婴儿得到的信息就是：我是可爱的，有慈爱、值得信赖的人在照顾我，他不会抛弃我。这样的孩子，即使当成人不在身边时，他也不会有明显的烦躁不安，这就说明婴儿形成了基本信任感。

“信任感强的孩子具有更强的安全感，具有敢于冒险的勇气，未来不容易被绝望和挫折压垮，而且总是充满希望。”

婴儿期（0～1.5岁）看护者需要：

慈爱与敏感，

慈爱与敏感的照顾，能使孩子形成信任感；

信任感强的孩子安全感强，勇敢，抗挫折强，对未来充满希望。

谨继续说：

“但是，如果护理婴儿的成人拒绝婴儿的需要，或者用非正常的方式来对待他们的需要，婴儿就会形成这样的想法：我不可爱，没有人理我或者我不惹人喜欢，所以他们这样对待我。

“婴儿会因此对环境没有安全感，对人形成不信任感。

“而缺乏足够信任感的儿童，会形成胆小惧怕的性格，因为他们总是担忧焦虑他们的需要是否能得到满足。”

婴儿期不能得到慈爱而敏感照顾的孩子：形成不信任感，

信任感不强的孩子安全感低，胆小、焦虑。

“可这还不只是信任感形成的问题。”谨继续说，“婴儿和他的看护者之间的亲密接触将影响他成年后生活中爱的能力，也影响他与其他人亲近的社交能力。”

“嗯？影响长大后的社交能力？”那位女子不禁轻轻地问。

“你想啊，父母怎样对待孩子，孩子就学会怎样对待他人，因为父母如何对待他就是人际关系的第一个样本。所以,如果父母没有好好爱孩子,孩子将来也不知道怎么去爱其他人。”

“是这个理。”女子接受地点点头。

“那些小时候没有得到慈爱照顾的孩子,因为信任感不足,在他看来,周遭的人都是不诚心的、不友善的,要防戒,因此他没有办法深入地信任他人,与人为善,这样的人际关系能不受伤害吗?

“近几年的科学研究也发现,那些缺乏交际的人会觉得日常生活的压力很大,因此,他们患上高血压的风险更高,治疗恢复得更慢,睡眠也不好……”

那位女子不安地低下头,手指滑过长发的一绺,紧紧地缠绕着转着圈。我接受谨的眼色,又递了一杯茉莉花茶给她。

与婴儿的亲密接触会影响其成年的:

爱的能力;

社交能力;

身体健康。

“天哪,那我犯了多大的错误,我该怎么办?”

“首先你应该高兴的是,你们家阿姨的精心照顾弥补了你的许多缺陷。这位阿姨一定是个负责任的好阿姨,孩子才会喜欢她、爱她。”

女子惭愧地低下头,但是稍稍地松了口气。

“如果你爱孩子,就不要突然把阿姨赶走,孩子还小,突然失去依恋的人,对心灵是种创伤。从现在开始,你要接近孩子,用你的爱去感染孩子,带着他单独出去玩,家务事交给阿姨去做。

“在陪孩子玩耍的过程中，要尊重孩子，理解孩子，给他买他喜欢吃的，陪他玩他喜欢玩的，给孩子一段时间他就能和你亲起来。”谨提出了具体的建议。

“我明白了。”女子点点头。

我心里突然明白了谨的用意，谨让我来帮忙，其实是让我来学习的，否则，谨不用把理论部分说得那么详细。

“父母在孩子的一生中都要做到慈爱地对待他，不应该局限于孩子的年龄。

“没有人能取代你和你先生在孩子心目中的地位，不要再假手于他人，而是要做到父慈子孝和母慈子孝。

“如果父母是孩子最亲的依恋，孩子把家当成最安全和最温暖的港湾，这样，有了坚强的家的后盾，孩子才能更勇敢地前行，更独立地面对生活，而这些都取决于父母如何对待孩子。”

“我明白了。”女子松了口气，“我知道该怎么样对待孩子了。我之前对孩子的冷漠是错误的，我以为这么小的孩子只要吃好睡好就可以了。”

女子站起身来向谨鞠躬道谢，谨起身弯腰回礼。

女子走后，我与谨坐回到茶桌边。

“老师，从刚才的讨论中，我忽然冒出一个想法，不知道对不对。”

“什么问题？你问吧。”谨微笑着鼓励我。

“孩子饿了就给他吃，我们是不是也可以提前给孩子喂食呢？”

“不，不，不……”谨摆摆手，“不必要。这样反而会产生另外一个问题，如果孩子根本就不饿，不需要吃，照顾的人却很勤劳很密集地给孩子喂食，这样，会让孩子心里产生一个无意识痕迹：这个世界真好，周围的人随时都照顾着我。这可能会让孩子长大以后轻信别人。这又是另一个极端了。”

“哦。”我吐了吐舌头。

“正确的做法是按照孩子的喂食规律喂养孩子，同时注意观察孩子表达的意思。”谨顿了顿，继续说，“孩子哭时要关照他，不哭时让他自己玩，这是一个分离和重聚的循环，让孩子适应这个循环，对孩子未来生活也是很重要的。”

孩子不饿不要频繁地喂食，这会让孩子形成轻信的性格。

在孩子需要时出现，让孩子独自享受玩乐，也是让孩子适应分离与重聚的生活规律。

“老师，我听明白了。您能再多和我谈谈这个主题吗？我还想知道得更多一些。”

谨笑着说：“你等等我，我取些东西来。”

谨回屋里取出几张图片：“我来跟你说一个心理学的经典实验，这个实验分4个阶段进行，共有4个小实验，主题是关于母婴依恋的。

“这个实验的主执行者叫哈利·哈洛，他因此被认为是弗洛伊德之后，在早期经验对成人影响领域做出重大贡献的心理学家。”

我点点头，弗洛伊德我知道，写过《梦的解析》，是心理学精神分析学派的创始人。哈洛竟然也有如此高的评价，那一定要好好听。

“哈洛开始研究时，在实验室里人工饲养了一批小猴子，用奶瓶喂它们喝奶，食物也是精心挑选的，幼猴所受的照顾比自己母亲照顾得还好。

“但哈洛却注意到，这些小猴子有一个很奇怪的行为：它们非常依恋笼子底部的棉花垫子。如果把这些垫子拿去清洗，这些小猴子就会变得非常生气和烦躁；但如果把棉花垫子放回去，它们就变得非常满足和快乐。”

“这么说它们喜欢棉花垫子？”我忍不住插嘴。

“哈洛也有这样的疑问，于是他提出了一个假设：这些小猴子除了渴、饿的生理需要外，一定还有一种需要，就是和那个棉花垫子有关的，哈洛把它称为‘接触安慰’。于是，哈洛决定和他的拍档罗伯特着手制作各种‘母猴’来做实验。”

“制作母猴？”我奇怪地张开嘴巴。

谨拿出一张图片给我看。

我仔细看着这张图片，突然灵光一闪，叫了起来：“这是两只母猴啊？一只母猴模型上有毛，而另一只母猴模型上只有铁丝钢架，而小猴子紧紧依偎在有毛的母猴身体上。”

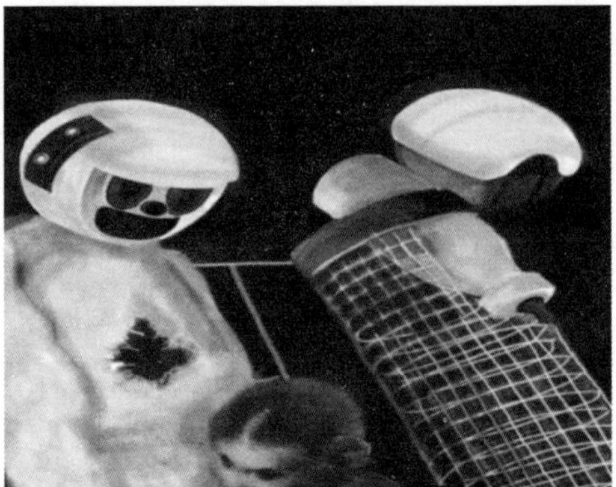

“对，这就是哈洛的第一个实验。他想探究‘接触安慰’的重要性。小猴子到底是依恋喂养它们的冷冰冰的铁丝妈妈，还是那个感觉上很柔软的绒布妈妈呢？

“哈洛和罗伯特一共制作了两只代理母猴，都是由铁丝网制作成的，都有可以喂奶的乳房，都有一个可以提供身体热量的灯泡。但不同的是，其中一只母猴用海绵和毛织物包裹了起来，代表可以提供哈洛所认为的

‘接触安慰’。

“然后，这些母猴被分别放在单独的两个房间里，哈洛找了8只小猴子，分成两组，一组由绒布母猴喂养，另一组由铁丝母猴喂养。哈洛记下了这些小猴子和这两位代理妈妈直接接触的时间。”

“研究结果呢？”

“是这样的，无论是铁丝妈妈还是绒布妈妈喂养的小猴子，都愿意长时间地与绒布妈妈待在一起，那些由铁丝妈妈喂养的小猴子，它们为了吃奶才迫不得已离开绒布妈妈，吃完后会迅速地跑回绒布妈妈那里。而且，实验中还有一个新发现。”

“新发现？”我饶有兴趣地靠近了一些，觉得这个实验很吸引人。

“铁丝妈妈喂养的小猴子对牛奶消化不良，经常腹泻；可是绒布妈妈喂养的小猴子明显没有这种症状。”

“这是为什么？”

“紧张。缺少‘接触安慰’让那些小猴子产生了心理上的紧张，才引起了身体上的不适。”

“哦，所以我们要多抱孩子，多亲密接触，而不仅仅是母乳这么简单。”我恍然大悟。

“你再看看这张。”谨看我理解得很快，又拿出一张图片。

图片上是一只害怕的小猴子，紧紧地抱住绒布妈妈。

“看来这是第二个实验了。”我接过图片仔细地看，但是没有看出什么。

“这个实验，是为了研究恐惧情境下‘接触安慰’的作用——也就是害怕的时候，小猴子是到哪个妈妈那里寻求保护。”

“那怎么做的实验呢？”我好奇地问。

“哈洛在小猴子的笼子里放了各种能让它们害怕的东西，比如，上紧发条的玩具打鼓熊，然后，观察小猴子的反应并做详细的记录。最后的记录结果是：无论是铁丝妈妈喂养的猴子还是绒布妈妈喂养的猴子，发现了那些令人害怕的东西，都会很快地跑向绒布妈妈，并抱住它。而且随着小猴子年龄的增长，这种反应更加强烈。”

“我知道了。”我点点头，“温暖的妈妈更让孩子感觉安全与安慰。”

谨点点头，继续拿给我看第三张图片。

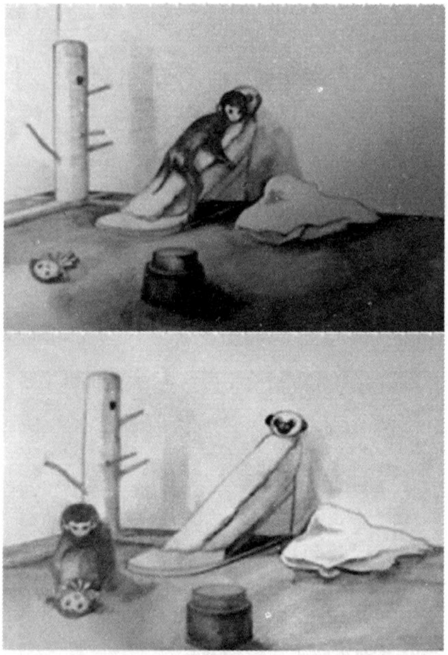

第三张图片里有两张小图片，都有绒布妈妈，有小猴子，有鼓，有玩具。不同的是，一张图片里的小猴紧紧抱着妈妈，另一张图片里小猴在玩玩具。

我摇摇头，表示看不明白。

“这是哈洛的第三个实验，想看看，小猴子在哪个妈妈的陪伴下能更勇敢地探索外部世界。哈洛在一个房间里摆放上各种各样的物品，有积木，有带盖的容器等，然后先把绒布妈妈喂养的小猴子放进去，再把铁丝妈妈喂养的小猴子放进去。”

“结果呢？”

“结果是，当绒布妈妈出现时，所有的小猴子立即冲向它，抓住它，用身体蹭它，一会儿，小猴子就开始在这个陌生的环境里探索和摆弄各种物品，然后再返回绒布妈妈的怀里。”

“嗯，一定是这样的。”我觉得答案越来越清晰，“那么出现铁丝妈妈的情况就不同了？”

“只出现铁丝妈妈和两个妈妈都不出现的情况下，小猴子的反应是：充满恐惧，它们嘶叫、缩成一团、吸吮手指。”我点点头，自言自语：“这可以解释了，温暖的妈妈给予孩子安全感，让孩子能勇敢地探索外部世界。这和前面所讲的婴儿期形成信任感有相通之处。”

谨微微笑了笑，很满意我能和前面的学习相融通。

我发现谨的手里已经空了，没有图片了，忍不住疑惑地问：

“还有一个实验……”

谨点点头，继续说：“哈洛的第四个实验，是想看看小猴子和绒布妈妈分开一段时间后，它们之间形成的依恋关系能不能保持。”

“那要怎么设计实验呢？”

“在小猴子6个月大可以吃固体食物的时候，哈洛就把它们与绒布妈妈分离开。

“几天以后，当小猴子再次看到绒布妈妈时，它们就冲向它，趴在它的身上，紧紧抓住它，与它身体摩擦、玩耍。最明显的是，它们在3分钟的时间内没有离开绒布妈妈去探索房间里的其他物品。

“所以，孩子与妈妈的依恋是可持续的。”

“对了，老师，我忽然有一个想法。”我把笔在笔记本上敲了敲，“这几个实验是连续完整、步步递进的。‘接触安慰’是使幼猴获得与母猴间深深的依恋，这种依恋给幼猴带来安全感，使幼猴能战胜恐惧，勇敢探索，而且这种依恋感情是不容易消失的。”

“是的。”谨肯定我的想法。

“因为这样一个具有伤害性的实验不能直接用人来做实验，而猴子与人的习性相近，所以用猴子代替。”我接着说。

“对。后续还有许多研究也验证了哈洛的实验研究成果。比如沙菲尔和埃莫森在1964年通过询问母亲喂养方式的研究发现，39%的婴儿并没有和经常给他们洗澡、喂食、换尿布的人形成依恋关系，如果一个母亲能够对孩子的要求产生反应，并且经常跟孩子一起玩，她们的孩子大多会对其形成亲密的依恋关系。”

哈洛等科学实验揭示：

与孩子形成依恋关系并不只靠喂饱孩子，而是要理解孩子渴望温暖爱意的需求，父母要经常和孩子亲密接触，陪孩子玩耍。

“那么，怎么来帮助妈妈们判断孩子和她们是什么样的依恋关系呢？”我停下笔问。

“非常好的问题，”谨点头赞许，“你的思考让我们的讨论更加深入了。心理学工作者玛丽·爱因斯沃斯设计了一套陌生情境程序，观察1～2岁的婴儿和妈妈分开和重聚后的表现，然后把母婴依恋分成了4种：安全依恋、拒绝型依恋、回避型依恋、混乱（迷惑）型依恋。”

“哦？它们分别是什么样的呢？又是怎么形成的呢？”我非常殷切地盼望谨的答案。

“第一种安全依恋：孩子和妈妈在一起的时候，不会害怕陌生环境，而且能到环境中主动积极地去玩，和陌生人友好相处；如果妈妈走开了一会儿，孩子刚分开时会有一点不安，但是很快就可以适应陌生环境；当妈妈回来时，孩子会高兴地叫妈妈，抱着妈妈和妈妈亲密接触，让妈妈来安慰自己刚才离开妈妈的忧伤。”

“听起来很健康。”

“是，安全依恋就是由父母的慈爱敏感带来的。父母知道孩子各种情绪和行为产生的原因，对这些行为表示理解、欣赏并且敏感地做出良好的互动和反应，孩子会在和爸爸妈妈的交往互动中感到舒适和快乐。

“就像我们前面说的，如果孩子的行为受到了重视和收到反应，他会觉得因为‘我是可爱的’才会受到这么好的照顾，这就形成了积极的自我评价。而如果他发出的信号总被忽视或是误解，他就会觉得‘我是不值得爱的，令人讨厌的’，形成消极的自我评价。”

安全依恋来自于父母对婴儿的行为准确理解、欣赏并且敏感地做出良好的互动和反应，会使孩子感到舒适和快乐。

“第二种拒绝型依恋：妈妈在场时孩子就紧靠着妈妈，很少有探索行为，对陌生人很警觉；妈妈离开时他们非常悲伤，害怕、哭泣；妈妈回来时，他们会有些生气而且拒绝妈妈的亲吻或是拥抱。”

“这种行为表现就和安全依恋有明显的差别了，是什么原因造成的呢？”我皱着眉头问。

“研究认为，可能是父母根据自己的心情对于孩子给予不同的反应，有时热心，有时无动于衷，而大多数情况下父母是无动于衷的。当孩子面对这样矛盾的父母时，他就会不顾一切地缠着妈妈寻求安慰，但是当妈妈无动于衷时，孩子就会变得生气和怨恨。”

拒绝型依恋来自于父母对婴儿行为反应的不定性，时而热心，时而无动于衷。

“第三种回避型依恋：孩子和妈妈分离时很少悲伤，他们离开妈妈身边，即使妈妈想引起他的注意，他们也不理不睬；他们能和陌生人交往，但是偶尔也会像回避和忽视妈妈一样回避并忽视陌生人。”

“啊！听上去，回避型依恋的孩子和妈妈感情很淡啊，对妈妈很漠然似的。”我想不通原因，于是迫不及待问，“为什么会这样呢？”

“有的妈妈刻板而且以自我为中心，她们常常拒绝自己的孩子；但有些妈妈正好相反，热心过度，不停地和孩子讲话，给孩子的刺激过多，甚至孩子不想要了还要逼着孩子接受，这样孩子就学会了什么也不做。”

回避型依恋来自于父母极端的态度：对婴儿冷漠拒绝；或者对婴儿热心过度。

“第四种混乱型依恋，也叫迷惑型依恋。是拒绝和回避型依恋的结合，也是最不安全的依恋。”

“还能有比前面更糟糕的吗？”我暗自心想。

“孩子在陌生环境中，会感到很大的压力；和妈妈重新相聚的时候，孩子显得冷淡、茫然，可能会走近妈妈，但当妈妈要把他们拉近时，他们又会突然跑开，而且这种重聚时候的表现也会不一样，可能有时是回避妈妈，有时是拒绝妈妈。

“科学家们认为，这类孩子对父母想接受又害怕，很可能是因为父母对他们忽视或体罚的场景在他们心中留下了阴影。有的妈妈为了调整孩子的行为，不是以说教的方式，而是表现出让孩子害怕的行为，比如吓唬或者把孩子当成一个无生命的物体一样粗暴对待。”

我皱起了眉头，小声地抱怨：“这是什么父母啊？”

混乱型依恋可能来自于父母忽视、体罚或吓唬。

“老师，这个依恋对成人会有影响吗？”我问。

“当然会。会影响到亲密关系中怎么与爱人相处，也会影响到人际关系中怎么与别人相处。”谨回答。

“啊！那不好的依恋关系……”

“是的，不好的依恋关系确实对亲密关系和人际关系有很不好的影响。这在心理咨询中很常见。”谨摇摇头，叹口气。

依恋关系处理不好会影响孩子成年的人际关系，特别是亲密关系。

“现在许多父母因为工作忙没有办法照顾到孩子，该怎么办？”我担忧地问，“我以后可能就会面临这种情况……”

“心理学和教育学都认为，孩子最好不要交给父母以外的人教育。如果把孩子交给阿姨带，可能孩子所学习的就是阿姨的思想和行为方式；如果把孩子交给老人带，隔代教育是个复杂的问题。”谨严肃地说，“意大利教育学家玛丽亚·蒙特梭利曾有这样的观点：在传统关系中，孩子分享着母亲的生活，是母亲的听众，接受母亲的教育和指导。而现代社会里，在物质条件比较好的家庭里孩子虽然能得到很多礼物，物质生活优越，但是母亲为了自己安逸，把孩子交给保姆、奶妈、老人，这种方法违背了儿童自然生长法则，把母亲和孩子紧密相连的关系破坏了。”

“蒙特梭利。”我重复着这个名字。

“这位教育学家的观点很重要，我们将来一定会系统讲到她的理论。”谨听到了我的重复，向我解释。

“她的观点确实很有道理。”我小声地应着，但是脸上露出十分为难的神色。

“你可以慢慢考虑这个问题，这是一个非常现实的问题。如果你有条件亲自来抚养孩子并陪伴孩子的成长，是最理想的。但是作为全职妈妈来说，你也将面临挑战。”

“啊？什么挑战呢？”

“有的全职妈妈会觉得和社会脱节，没有了社会价值感，所以要合理安排好自己的生活，调整自己的心情，克服社会价值感缺失带来的焦虑情绪。有的妈妈潜意识里认为因为孩子使自己失去工作，往往把气撒在孩子身上，这样反而不能形成良好的依恋关系了。”

“我知道了，如果我放弃工作带孩子也必须做好心理准备，安排好自己的生活，保持情绪快乐和对孩子的慈爱敏感。”我接口道。

“是，在研究中确实发现，如果母亲在孩子9个月前出去工作或是由于母亲出去工作而不停地变换人来照顾孩子，这些多少都会对孩子的依恋产生一些影响。

“但是，这个结果并不是唯一或不可逆的。因为研究同时证明，只要母亲愿意参加工作同时又是一个敏感的养育者，或者父母教育的态度及方法得当，孩子依然可以和父母形成安全依恋。”

“哦，所以如果我无法做全职妈妈，我可以有几种方法弥补：

“我可以在孩子一岁前尽可能多地照顾孩子；可以找一个慈爱而敏感的人来照顾孩子，不能随便更换。

“但最重要的是，我自己要保持良好的情绪心态，对孩子慈爱和敏感。”

“是的，”谨点点头，“但是所有的理论并不是说，作为母亲，你一步也不能离开孩子。有时，和孩子形成安全依恋后，短时间的离开不是坏事；如果出差，可以在出差回来时给孩子带回一个小礼物，这样，也可以帮助孩子适应这种分离。”

如果父母工作忙无法照顾孩子，请找到敏感慈爱的看护者帮忙，并且避免变换式养育。

父母要保持对孩子的敏感与慈爱，再忙也要保证与孩子亲密的时间。

如果出差，可以带回一个礼物给孩子，有助于孩子适应这种分离。

“现在，你可以整理下今天学到的东西。”谨站起来伸伸腰，转了转僵硬的脖子，回屋去了。

“景仪。”谨在里屋叫道。

过了一会儿，我听见谨的呼唤，站起身来走进里屋，一下子就看到在那面白墙上张贴了一张画像，这张画像，不和鲍姆林德的画像挨着，画像边有一段文字，我站着默念：

哈利·哈洛(Harry F. Harlow,1905—1981),英国比较心理学家,曾荣获国家科学奖,1951年当选为国家科学院院士,1958年当选为美国心理学会主席,1960年获美国心理学会颁发的杰出科学贡献奖。

“这就是对家庭教育的科学研究具有重要影响的心理学家——哈洛。可是,为什么挂在左起第二格而不是第一格,排在前面那位的又是谁呢?”我心里暗暗疑惑。

“对了,刚才看到你在记笔记。”没等我张口问,谨像记起了什么,牵着我来到书房,拿起书桌上的一个卷轴递给我,“这个给你。”

“这是什么啊?”我接到卷轴一看,古铜色的柄,深色的牛皮纸质,古色古香。

“回去一看就明白了。”谨把我送出院子,站在树荫下笑着向我挥手。

还没走出小区门,就接到了表姐的电话,她在电话里急切地说:“你快来一趟吧,到我家吃个午饭,然后带我们家朱朱去上英语课外班。我今天没时间带他去。”

表姐是风风火火的性子,和我的关系很好,像亲姐妹,也像闺密。我们俩相差两岁,可表姐的孩子朱朱已经5岁了。

我到表姐家吃了午饭,就带着朱朱去上课外班了。课外班在北京南城最大的一家商场3楼,硬件设施很好,人也很多。我领着孩子在会客大厅里排队等着进入玩耍区,玩耍区是进入学习课堂前的一个过渡区域,除了安排课前的玩耍外,还接待一些试听的孩子。

这时，我看见一位主管模样的女士领着一位奶奶、一位妈妈和一位小女孩刚刚从教室出来。身穿格纹小裙子的女孩，梳着小学生头，娇小可爱。主管女士和小女孩的妈妈说了几句话，妈妈就跟着主管女士到前台去了。过了几秒钟，大概是发现妈妈不见了，那位可爱的小女孩突然脸色大变，"哇"的一声就哭出来了，嘴里喊着"妈妈，妈妈"。一旁的奶奶急忙牵起她的手，她却没有止住哭声，拼命扯着奶奶的手，身体向相反的方向使劲，嘴里依然喊着"找妈妈，找妈妈"。终于，在前台办事的妈妈听到了小女孩的哭声，拨开人群，快步走到小女孩跟前，小女孩立刻扑到妈妈怀里，紧紧地抱着妈妈，把头枕在妈妈的肩上，脸上的表情倏地变得宁静和甜美，居然快乐地笑起来，变化之快之彻底，惊得我目瞪口呆。

"你看，这些孩子，哪些是妈妈自己带的，哪些不是妈妈自己带的，一眼就能看出来。"一位年约六十岁的老人在一旁说。她觉察到我的眼神，回头看了看我，笑着解释，"看得多了，你就能分辨出来。你看那边一桌的孩子。"老太太的手指向了书柜边的一桌小朋友，我却被那张桌子边一个高大个子的男外教所吸引，他正在带着孩子们玩游戏，教的应该是关于色彩的内容，只见他一手拿着一个红布垫，一手拿着一个蓝布垫，来回在手里变换着让孩子们分辨是"red"还是"blue"，等孩子们练得熟悉了，男老师手里的布垫变换的速度越来越快，过了一会儿，又取出了一个黄色的布垫，竟在孩子面前表演起杂耍来。

"看到了吧，老师这么卖力地游戏，想让孩子们适应，因为这一桌是第一天来试听的小朋友，基本上这个年龄段来试听的内容都有这个。可是你看每个孩子都不一样。"老太太的声音突然响起，我才又注意起那些孩子来。

果然，有的孩子被男外教逗得哈哈大笑；有的孩子虽然安静但也很投入;有的孩子战战兢兢,不敢说不敢玩,显得很拘束;还有一个小男孩,居然一直把头埋在妈妈的胸前,连头都不敢抬……

我不禁联想起了上午谨谈到的母婴依恋,来不及细想,身旁的朱朱已经听到老师的召唤,进到玩耍区里排队了,还回头冲我挥手:"小姨,再见。"

我舒了一口气,还好,朱朱没给我惹麻烦,否则,我都不知该怎么办了。这时手机响了起来,原来是表姐不放心,所以打电话来问朱朱表现得怎么样。"实在是好极了。"我冲着电话那头长长地舒出一口气。

陪朱朱上完英语课,我回到小区里,见到了楼下的小江。小江和我差不多大,有一个6岁的女孩,刚上一年级。小江一脸怒气冲冲的样子,我看着吓了一跳,忍不住问:"怎么了?"

"你说这孩子气不气人?让她写作业,她偏不写。总是跟我犟。"小江又急又气地抱怨,"唉,我现在真后悔,当初让她奶奶把她带大。现在她根本不听我的。"

我撇了撇嘴,也不知道怎么安慰小江才好。

回到家里,我想起了那幅卷轴,于是拿出来,解开绑着的丝条,放到书桌上缓缓打开。

卷轴上是一条横轴,横轴上标着刻度,横轴的左端标着年龄,写着0,1,1.5,2,2.5,3,3.5,4,4.5,5,5.5,6,12。

我立即明白了,这是一幅0~12岁孩子人格发展的记录表,以年龄为发展阶段的区分标识。

0~12岁是孩子人格形成的重要时期。12岁左右的孩子开始进入青春期,有自己独立的思想甚至叛逆,并且由此更容易受到同伴的影响而非父母的影响,因此,0~12岁被认为是家庭教育的主要时期,其中0~6

岁是黄金时期。

我在卷轴的0~1.5岁写下：培养信任感。

仔细回顾今天学习和陪朱朱上课的感受，我在笔记本上写下：

> 婴儿期，父母对孩子行为的理解、欣赏及敏感的反应能帮助孩子形成安全型依恋。安全型依恋对孩子的人格、人际、身体都有着极其重要的意义。
>
> 亲子关系对孩子的成长是极其重要的。孩子需要能把父母当成最亲的依恋，把家当成是最安全和最温暖的港湾，这样，有了家的坚强的后盾，孩子就能勇敢地探索、学会信任与爱。
>
> 希望我能给自己的孩子足够的爱，和他形成安全依恋关系。

第七课
培养自主意志(1.5~3岁)

周六一早,谨打来电话:“景仪,今天上午我临时有个会,下午约了一个朋友聊天,你就下午一点左右到我家吧。”

下午一点,我准时到了,客人还没有到,于是我和谨坐在院子的树荫下聊天。

过了十多分钟,院门的木栅栏边出现一位身材高挑的女子,披肩的长发轻轻拢在耳后,衬托出她微瘦的脸庞,一身暗红的连衣短裙,除了腰间的一条腰带外无任何装饰,但因为衣领处做了别致的剪裁,衬出了女子的品位和气质。

“又是一位年轻的母亲?”我心想。

谨站起身来,向客人迎了上去,我也站起身来,听谨与客人寒暄了几句,她们一前一后向茶桌走来。客人看了我一眼,嘴角边露出一丝淡淡的笑意,我也冲她微笑欠身,伸手请她坐下。

“这是我的一位老朋友,叫唐萱。”谨向我介绍那位女子,“我们是在一次沙龙认识的吧?”

“是的,我们公司当时邀请老师给员工讲一些儿童心理学的知识。”唐萱接着说,“我们从那时候开始都成了老师的粉丝,经常向老师讨教。”

“那时候，你还是个小姑娘吧？谨笑着说。

“瞧您说的，我哪有那么小，只是当时还没有孩子而已。”唐萱回答说，“可是我对儿童心理学特别感兴趣。”

“给唐萱来盏水仙茶吧。水仙味道清淡，甘甜润滑，唐萱性情比较温和，饮食口味清淡，水仙适合她。”我会意地点点头，煮沸了泉水，静置，待水温降到合适的温度，才开始泡茶。

一旁的唐萱听着看着，不禁说：“老师对茶很有研究啊。”

谨笑了笑，拍了拍唐萱的手：“说说你们家孩子吧。”

“我们家是男孩，现在一岁零八个月了，特别调皮。”

“什么时候学会走的？”谨问。

“他学说话较早，走路有些迟，一岁零两个月才刚刚会走。”唐萱说起孩子来，却一改平静温和的表情，显得有点烦躁，“带孩子可累人了。八个月会滚会爬的时候，就得紧盯着。现在能走会跑了，一会儿爬高，一会儿乱捡地上的小东西，还喜欢玩沙子……哎哟，真急人。”

“急的是什么呢？”谨淡淡地引入。

“安全啊。”唐萱回答，“唉，为了保证他的安全，我们都不敢带他到外面玩，一到外面玩，他就往沙堆里扎，要不就到路上抠小石头。在家里我们可以限制活动范围，只准他在地上玩，不让他靠近沙发。男孩子就是淘气，你跟他讲注意卫生，注意安全，简直就是对牛弹琴，他根本记不住，有时还得吓唬吓唬他。”唐萱说。

“怎么吓唬？”谨问。

“比如，前面有小狗或老虎，黑的地方有鬼，有坏人……”唐萱有些觉察到谨在询问细节，忙着补充解释，“实在是管不住啊。”

“除了吓唬，还有什么别的办法吗？”

"打屁股。"唐萱想了想,"但是打得不多,记得有一次,他自己爬到沙发的扶手上,准备往下跳,实在太不安全了。于是,他爸爸就打了他。"

"哦。"谨长长地应了一声,更像是叹气。

"不过,他爸爸算是白打了。"唐萱撇了撇嘴。

"为什么?"我忍不住问。

"因为,从那以后,孩子只会说,爸爸很凶,爸爸很坏,因为他会打我。但是我问他,知不知道爸爸为什么打你?他摇摇头回答说不知道。"

谨捧着茶,神情严肃地问唐萱:"你今天是来问我有什么管教孩子的好办法?"

"嗯……"唐萱从谨的神情中略读出些什么,于是迟疑地说,"老师,您说吧,我也不知道怎么办呢!"

"你们家孩子说话说得好吗?"谨突然问。

"很好啊,会说很多话,都很有意思。甚至会说好多句子了呢,像'一边……一边''因为'……"

谨点点头,放下杯子,缓缓地说:

"3岁前孩子的许多行为都是无意识的,他只是好奇,想弄清楚,但这种无意识却非常的智慧。他们无意识地学习了身边的每一件事情:习惯、传统、父母的行为,这一切都深深地印在他们的大脑里。虽然孩子3岁前什么也不做,只吃饭和睡觉,可他却学会了行走、跑、跳,而且学会了说话……你想想他是怎么做到的?"

"哦。"唐萱还有些疑惑。

3岁前,孩子进行的是无意识学习,

孩子的跑、跳、看、听、闻、尝等行为都是在学习!

谨顿了顿，对疑惑的唐萱说："这样说吧，孩子在3岁前的学习有很大一部分不是从书本上学来的，而是从自己的玩耍中学习来的。比如，他通过爬高、钻桌子，获得了对空间的这个概念的理解……"

"哦，"唐萱恍然大悟，表示听明白了，但转念又问，"那么安全怎么办呢？"

"你站在他的身边，做好保护工作。1.5～3岁的孩子，你跟他讲道理，他是听不懂的。所以，他要爬高，你就陪在旁边站在他身边保护他就行；他要钻桌子，你就保护住他的头就好。

"如果你吓唬他，他不但没听明白你的意思，还学会了害怕。最终他不去做，不是因为他判断沙发太高不适合他，而是因为恐惧……难道，最终你是要教孩子恐惧吗？"

"当然不是……"唐萱的头摇得像拨浪鼓。

"所以，你要正面去看这个问题，孩子是在摔倒中爬起来，在失败中吸取教训的。如果，他摔倒了，他碰头了，他就会去分析理解他为什么会摔倒，为什么会碰到头，以后他自己就学会如何去保护自己了。"

"哦。"唐萱恍然大悟，"那我们就一直不干涉他？"

"只要没有违背'不伤害自己的生命，不干扰伤害别人，不破坏公共环境秩序'这个大的原则……"

1.5～3岁的孩子在玩时，只要不伤及生命、打扰他人或破坏环境秩序，大人不要干涉，而要提供相应的帮助，并做好保护即可。千万不要教孩子想象的恐惧。

"如果沙发实在太高了，你现在又有事不能去保护他……"

“嗯，嗯，这种情况常常发生。”唐萱忙不迭地接过话说。

“那你可以用游戏的方法或转移注意力的方法引导孩子到矮的沙发上玩耍或是到地毯上去玩。”

“游戏的方法？”

“比如，玩‘小猫回家了’。‘哇，那里还有好多小玩具在等着小猫啊，你看，还可以钓鱼呢，快钓鱼吧，钓上来一会儿煮给我们吃……’就这样边说边引着孩子到地毯那里去……”谨的语气一转，俨然成了一个幼儿园老师，把唐萱和我都逗笑了。

对于0～6岁的小朋友，转移注意力和游戏的方法十分有效！

“我明白了，太谢谢您了。”唐萱起身向谨告辞，握着谨的手，表达十分的谢意。

送走了唐萱，我整理了一下笔记，把手交叉着放在茶桌上，笑眯眯地说：“老师，再讲点理论吧？按老师上次课的内容和卷轴的思路，我觉得今天内容应该是1.5～3岁孩子的成长任务决定家长的教养方法？”

“孩子基本在一岁左右学会走，从那以后，孩子在大运动能力和精细运动能力上都会有飞跃的发展，这里讲‘飞跃’，也就是大人比较容易看出来的技能，比如：爬、走、推、拉、抓、握……最关键的是，他们不仅把这种能力应用在控制物体上，而且还应用在控制和排泄大小便上。这意味着什么？”谨问我。

“意味着，孩子已经学会了控制能力。”

“对，这时候的孩子已经能凭自己的意愿决定做还是不做了，他们已经开始尝试自己独立处理所遇到的事情了。”

“那是独立性上的一个飞跃啊。”我赞叹地说。

“同时矛盾也来啦。从此,孩子就处在了自己的意愿与父母的意愿相互冲突的矛盾中了。”

“那这时候,父母应该如何做比较好呢?”我又问。

“如果这时候,父母允许孩子去做力所能及的事,鼓励孩子的独立探索愿望,孩子就会逐渐认识到自己的能力是可以控制周围的事情和事务的,这种美妙的控制感体验,将形成良好的愿望与自豪感,将会帮助孩子形成自主意志的个性。

“但是如果父母过分溺爱或过分批评指责,比如,总是帮助孩子扫清障碍,或者阻止孩子的自由探索,这些干扰孩子对外部环境的探索行为可能使孩子怀疑自己对自我和环境的控制能力,认为自己不能控制或者过度控制环境,孩子将会怀疑自己的能力,形成羞怯的品质。”

1.5～3岁的孩子可以尝试独立处理自己的事务。

如果父母鼓励幼儿做力所能及的事,幼儿通过对自我与外部环境的控制,可以形成自主独立的意志;如果父母溺爱或指责批评,就会使幼儿形成自我疑虑及羞怯。

我要帮助孩子形成自主性!

谨看着我写完了,指了指我自己写的小感想——“我要帮助孩子形成自主性”,点头对我说:“这个品质,会影响孩子未来对社会组织和社会理想的态度。”

今天又有很多收获,回到家里,我从书柜里取出那幅卷轴,在1.5～3

岁那一栏写下:无意识学习期,培养自主意志。

临睡前,我又翻了翻笔记本,对今天的课做了总结:

1.5~3岁的孩子学会走、跑、跳,他们觉得自己有能力去探索外部世界了,他们好想去实践,这是他们内在成长的驱动力。作为父母,我们要帮助和保护孩子,这样他们不但能学习,而且能获得自主性和自信;但如果我们吓唬和阻碍了孩子,他们就可能变得恐惧、羞怯、自卑。

第八课
培养主动性(3~7岁)与培养勤奋(7~12岁)

又到周六了,我如约来到谨的住所。

我轻轻推开院子的木门,穿过院子,走上台阶,书房里传出一阵阵欢快的笑声和鼓掌声。透过玻璃,只见谨、一位女子和一个孩子一起围坐在地上,谨和那位女子的脸对着门正在拍手欢笑,而孩子则背对着门。

我轻轻推开门,谨看到了我,站起身来冲我打招呼,然后介绍那位女子和我认识。原来是谨的心理学系的学生黄莺,她比我大好几届。

小男孩也发现了我,身手敏捷地从地上一跃而起,蹦蹦跳跳地冲着我大声喊:“阿姨好!”

我被小男孩的欢快惊呆了,小男孩却没有顾及我的反应,伸手拉过我往前走了两步,我才发现,原来小男孩在地上用积木、笔筒、纸杯、纸卷搭建了一个城堡模型。

“阿姨,你看,这是我搭建的摩尔庄园,哦不对不对,是摩尔庄园加愤怒的小鸟加奥特曼……”小男孩一边指着地上的作品一边说,“对了对了,妈妈妈妈,我还要把书包里的奥特曼拿出来摆上,奥特曼要站在城堡前面,保卫摩尔庄园,这样小摩尔们就不会受到库拉的进攻啦。”

“你自己去拿吧,你的书包在沙发上。”黄莺冲着小男孩温和地说。我注意到黄莺的表情，她的笑容十分恬静安详，眼神里满是温暖。

我坐到地上，仔细端详起小朋友的作品，城堡搭建得错落有致，纸杯搭建起的高塔威武地立在城堡的前面，城堡前有一座高台搭架，看上去像模仿“愤怒的小鸟”里的发射架。只是城堡外的一圈纸巾不知道是什么意思。

我指着纸巾问黄莺：“这是什么？”

“哦，这是护城河。”

“哦，孩子知道护城河？”我有些惊叹。

“紫禁城外就有啊，我们带他去故宫玩就会告诉他，他就记住了。另外，我们给他读的国外的绘本里，也会有欧洲古城堡的故事，他也知道护城河是城堡很重要的一部分。”

“无意识学习？”我问。

“是的，无意识学习。”黄莺笑着点头。

“您的孩子想象力和构图能力都很好。”我由衷地称赞。

“3岁以后的孩子，是想象力和创造力发展的一个高峰期了。”黄莺顿了顿，继续说，“埃里克森说3～7岁的儿童有3个特点：

“1.能更多地进行各种具体的运动神经活动，更精确地运用语言和更生动地运用想象力，大胆地学习和探索。这些技能使孩子们萌发出各种思想、行为和幻想，并且规划未来。

“2.他们检验各种各样的限制，找到哪些是属于许可的范围，哪些是不许可的。

“3.他们进入了社会交往的阶段，他们学会怎样与他人相处，怎样在游戏中合作。”

3～7岁的儿童：更加大胆地学习和探索，不仅开始形成自己的思想、行为，规划未来，而且学习弄清楚规矩的范围。

“那么，这个阶段家长要如何做呢？”

“就孩子的第一个特点来说，父母要鼓励孩子的想象力和独立创造行为。”

“鼓励孩子想象与创造，就像刚才师姐鼓励孩子搭城堡？我知道了。”

“如果父母能鼓励孩子，孩子就能培养起追求价值目标的勇气和主动性，孩子长大就会形成目标方向并主动追求目标。”

“听起来，好像和事业成功会有很大关系……”

“是的，孩子这种主动感的程度，会决定他未来在社会中成就的大小。”

“那如果父母实行的是相反的做法，会怎么样呢？”

“如果父母讥笑孩子的想象力和独创行为，孩子就会缺乏自信心。他们会变得不敢独自去创意，有时候，为了得到大人的认可，他们就学会按大人说的做，因而丧失了自主性。长大后，由于缺乏自主性，他们在考虑种种目标及行为时容易产生内疚感，最后，他们容易倾向于生活在别人为他们安排好的狭隘的圈子里。”

“听起来，这样的孩子，未来不敢追求自我，很可能就唯唯诺诺了。”

“是的，这些孩子长大后，每每去追求目标，就可能内疚和恐惧，这些内疚和恐惧很可能来自于3～7岁时父母的责骂和惩罚。”

“那么一生都不会改变吗？”

“不一定啊，如果他成年后有意识改变，是可以改变的。但心理学上通常认为，越小的时候形成的部分越不容易改变……”

父母对3～7岁孩子的想象力和独创行为的鼓励，将培养孩子追求目标的主动性，会影响孩子未来的一生成就。反之，孩子将倾向于生活在别人为他们安排好的狭隘圈子里。

我要培养好孩子的主动性！

黄莺说到这里，他的儿子已经飞奔着跑到她的身边，扑进她的怀里，兴奋地举着手里的奥特曼给黄莺看：“妈妈，你把奥特曼藏在了第二个拉链里的小口袋里，我好不容易找到了。”

“好的，孩子，因为你有耐心，所以妈妈藏得那么严实，你也能找到。”黄莺对孩子用鼓励而不是表扬，“但是，妈妈现在在谈工作，你需要自己去玩一会儿。你看，妈妈建议，你的城堡的防御力还可以更高一级，你要不要再加强一下？”

“可是，妈妈，我没有工具了。”孩子为难地说。

“书桌上的笔和笔筒都可以用。”谨在一旁说。

“可是，我想用书。请问，我可以用几本书吗？”孩子指着书架问。

“可以。”谨回答，“只要记着放回原处就行。”

“好吧，那我去‘工作’了。”孩子蹦蹦跳跳地张罗去了。

“书有那么多，孩子能放回到原处吗？”我担心地问。

“能。你要相信他。”谨回答说，“如果他做不到了，来向你求助，你再指导他怎么做。”

我突然想起了什么：“师姐刚才还提到3～7岁儿童的第二个特点——会探索限制的范围，针对这个特点，父母该如何做？”

“在孩子2~3岁前，跟孩子讲道理他是听不懂的，这时是孩子自我意识刚刚开始萌芽的时候，所以父母主要是做给孩子看，让孩子模仿。如果想要改变孩子的行为，父母可以采用转移注意力的办法或是游戏的办法……

“但从3岁开始，家长的教养方式逐步向民主权威型过渡。”

“民主权威型！”我对这个名词特别熟悉，记在笔记本上。

“对，就像刚才那样，我可以对孩子提出要求和期望，让他不要打扰我们谈话，同时，指导他可以继续完善城堡。但是，你注意到了吗？我一直用商量的语气和孩子说话，另外，在具体的执行上，我们允许孩子自由选择他认为合适的方法……这样的话，孩子就会在你的要求限定下，自主地去实现自己的目标或和你商定后确定的期望。”黄莺顿了顿接着说，“还有3岁以后幼儿园和家里培养孩子的生活和社交行为习惯，其实也是对孩子行为的示范和限定。”

我点点头，又问：“为什么是‘逐步过渡’呢？”

“因为这个阶段是孩子敏感期发展的高峰期，因此，在很大程度上，需要家长设置行为规范的同时，又尊重孩子的主动探索。”

“敏感期？”我觉得学问越来越深，内容越来越多。

黄莺看出了我的困惑，笑着拍着我说：“慢慢来……”

谨在一旁说：“景仪，近100年来，教育学和心理学针对0~6岁这个阶段得到了许多重要的研究成果，不可能在一两天内全部学习完，不要着急。敏感期很重要，既影响到孩子人格的发展，也影响到孩子的学习兴趣。你会在我们谈人格和谈学习时一起认识敏感期……”

“是的，”黄莺接着说，“我们先说今天的部分，敏感期未来一定会接触到的。”

我听谨和黄莺这么说，放下着急的心，点点头。

“5岁是一个规则意识建立的关键期。所以,民主权威型也是逐步形成的,3~5岁民主多一些,5岁以后特别是小学以后，权威就占更大的一部分了,到了12岁,进入青春期,家长又要逐步放手了,然后,随着孩子年龄增长,家长越来越放手……直到孩子完全独立。”

“原来师姐懂得这么多！”

“我可是科班出身呢,而且这半个月虽然没见老师,我却一直和老师联系着,为了这个培训,我还做了大量的工作呢！”

“黄莺与你不同,她已经有了带孩子的经验,理解这些理论则更有感悟。”谨在一旁提示。

“是啊,我这是理论联系实践。”黄莺又露出调皮的笑容。

父母的教养方式——“民主权威型”,是逐步形成的。

父母的教养方式要根据孩子发展年龄阶段来调整。

我得关注:敏感期

“那么这个阶段的第三个特点关于社会交往中的相处与合作……”我非常认真。

“哦,这个比较容易理解。孩子一岁半以后,活动范围就逐渐扩大到家庭以外的地方,比如公园、游乐场、各种聚会;3岁以后进入幼儿园学习如何过集体生活。他们要学习如何与人打交道,在和小朋友的游戏中不产生冲突而且能好好合作，更优秀的孩子会在这当中扮演领导者的角色。”

“所以,师姐会带孩子参加各种聚会和活动。”我想起今天晚上,黄莺就没有把孩子留在家里。

“是的。有一次我咨询时碰到一位妈妈，在孩子这个阶段，他们家大部分时间把孩子关在家里，孩子因此很少和外面人接触，所以，后来影响到孩子的社会交往能力，孩子在社交中变得羞怯和自卑……”

鼓励孩子参加社交活动，教会孩子如何善意解读别人的行为，给孩子自己处理人际关系的机会。

我回想了一下，没有什么问题了，这才从包里取出卷轴，放在地上，在卷轴上3～7岁的地方写下：

鼓励独创想象社交，培养主动性。

黄莺拿过卷轴，觉着精致，十分喜欢，对谨说：“老师，您做了一个这么雅致的卷轴？”

说完仔细阅读了我在卷轴上的笔记，笑着说：“这是埃里克森的毕生人格发展理论。”

“埃里克森……”我想起来了，谨在家庭教养方式的课程中提起过。

“走吧，我们一起去里间看看。”谨引着我和黄莺一起走到了里屋。

我看到在哈洛画像的前一格已经贴上了另一张画像。

埃里克森(Eric Erikson,1902—1994)，美籍德国儿童精神分析医生，当代精神分析自我心理学的知名人物。1951—1960年任匹兹堡大学医学院教授。1960年任哈佛大学人类关系学教授，直到1970年退休。埃里克森是一个真正具有人性感的学者，他把视角广泛地深入历史、政治、文化、社会生活环境的诸多方面。

“终于见到了庐山真面目。”可是,还有一个疑问,我转向谨和黄莺,“如果埃里克森提出的理论是毕生发展理论,那其他的内容是什么?”

谨和黄莺相视一笑:“埃里克森把人的一生,从出生到死亡的这一过程一共分为了8个阶段。”

我们回到客厅,谨从书架上取出一本有关社会性人格发展的书,翻到埃里克森的部分,交给我。我快速地翻阅完,并着重阅读了7岁以后的理论部分。

谨见我读完,对我说:“埃里克森的人格发展理论是人格心理学中重要的理论基础。埃里克森把人的一生,从出生到死亡的这一过程一共分为了8个阶段。我们这几天的来访者的孩子年龄分布在0~6岁,因此涉及前3个人生发展阶段……0~6岁是人格基础形成的时期,孩子越小教育才越重要,所以,这段时间是家庭教养的重要时期。而如果这个时期稍有欠缺,孩子在6~12岁阶段,父母就要尽力弥补。”

“老师,埃里克森认为,孩子在6~12岁的阶段应该克服勤奋对自卑的冲突、培养能力,又该如何理解呢?”

“这个年龄阶段的孩子在做什么呢?”

“上小学吧。”

“是的,这一阶段的孩子都在学校接受教育。学校是训练儿童适应社会、掌握今后生活所必需的知识和技能的地方。如果孩子顺利地完成学习课程,得到老师和家长的认可,他们就会获得勤奋感,这使他们在今后的独立生活和承担工作任务中充满信心。反之,孩子就会产生自卑。”

“哦,这我能理解。”

“但是,如果儿童养成了过分看重自己的工作态度,对生活、休息等方面毫不看重,就会被困在工作里。在埃里克森看来,这是非常可悲的,因为这样的成人把工作当成唯一的任务，把做什么工作看成是唯一的价值标准，将可能成为自己工作技能和老板们最驯服和最无思想的奴隶。”

7～12岁，孩子的努力需要得到认可，孩子将意识到勤奋可实现目标，并获得成功；同时，学会掌握工作与生活的平衡。

“我喜欢埃里克森的理论，因为它为不同年龄段的教育提供了理论依据和教育内容。它告诉父母们，孩子每个阶段的心理品质都有哪些是积极的，哪些是消极的，而成功的教养方式就能给孩子积极的心理品质。”谨轻轻抚着卷轴说，“这么多年以来，我一直以这个理论为基础指导婴幼儿的家庭教养，因为它充满了灵性和智慧。”

“原来老师有多年的理论指导而且有很深的感悟。”我理解了谨为什么强调这个理论。

“那么，我们先把卷轴里埃里克森的部分完成吧。”谨说。

我拿起卷轴，在7～12岁的地方写下：

勤奋和进取获得认可，培养对能力自信，学会工作与生活的平衡。

黄莺的孩子一直在专注地玩自己的“工作”，大人们的谈论丝毫没有影响到他。

“孩子的专注力真好啊。”我禁不住称赞。

“在孩子‘工作’的时候，不要随意打扰，就是培养孩子专注力的最好办法。”黄莺解释，“只是现在有许多父母，太随意打断孩子的玩乐，常常以自己的时间要求付诸到孩子身上，影响了孩子专注力的发展。”

“妈妈，我已经完成了。”小男孩终于完成了“工作”，把书搭在摩尔庄园的四周,看起来城堡已经攻不可破了。

“那你把东西收拾好,放回原处。”

“可是妈妈,你能用手机帮我拍一下我的作品吗?”小男孩央求着看着黄莺,显然对自己的作品有些不舍。

“没问题。”黄莺答应了孩子的要求,把作品拍好,给小男孩看完,柔和地说,“收吧。”

小男孩十分听话,收拾好玩具,将书放回原处,一切工作井井有条。

小男孩收拾完跑到我旁边说:“阿姨,你知道我是怎么把书放回原处的吗?”原来他刚才听到了我的质疑。

“我不知道。”我惊讶地回答,“你是怎么做到的?”

“我偷偷地撕了一张小纸巾,放在取书的地方。然后书是从左到右按顺序用的,放回去的时候,顺序不变就行啦。”小男孩凑到我耳边偷偷地说,“你别告诉谨阿姨和妈妈,她们一直都不知道呢。”

“哦。”我点点头,黄莺正冲我做鬼脸。

小男孩牵着黄莺的手,蹦蹦跳跳地走出屋门。

我也向谨告别,谨笑着对我说:“黄莺一直在做和家庭教育相关的研究和咨询工作,以后你们可以多联系。”

回到家,我把卷轴放好,翻开笔记本写下:

> 3~7岁的孩子比3岁前有了更强的能力和自我主张,他们在更大范围去实现自己,父母要在这时候多鼓励他们的想象与创造,并帮助他们学会社会交往中的友善与合作;7~12岁的孩子进入学习阶段,父母对他们的学习及时鼓励,可以帮助他们建立勤奋与能力之间的联系,并且掌握工作与生活的平衡。

第九课

与人格培养有关的敏感期

这个周六清晨有雾，我站在湖边，看着湖中弥漫着水汽，缥缈地缠绕，湖对岸的建筑若隐若现，如烟雨江南的美景。我不知不觉看痴了，好一会儿才回过神来，赶紧走向谨的院子。

谨正在树下泡茶，我见有两个杯子，知道客人已经到了。

谨抬头看见我，示意我坐下。这时一位女子从屋子里走出来，她个子不高，精干的短发，戴着一副金丝眼镜，脸庞很清秀，可是浑身透出一股子的冷峻。

女子和我使劲地握了握手："您就是谨提到的助理景仪吧？"

"哦，是的。"我欠身笑了笑。

"真是不好意思，我的先生在停车，马上就到了，请稍等一下。"女子向谨和我表示歉意，可是话语间还是透着一股冷气。

"我在金融街一家外资投资银行工作，工作比较忙。我们家现在由我先生在打理。"女子向我简单介绍自己。

我在心里"哦"了一声，难怪，这么厉害，怕也是不低的职位。

我惦记着泡茶的工作，而且心里又好奇谨会给这位女士泡什么茶。我偷偷地倒了一点茶水在茶杯里，有桂皮的香味，汤色橙黄，啜了一丝丝含在口中，口味厚重，比水仙要涩，是肉桂。谨随即投来了眼色，示意怀孕的我不能嘴馋，肉桂茶不适宜孕妇服用。

女子放下茶杯，禁不住赞了一口："好茶。"

"我曾经应邀在沈总公司的EAP部门担任顾问，"谨向我介绍，"因而知道沈总喝什么茶，沈总品茶也有些年头了。"

EAP，意思是员工帮助计划，是企业组织为员工提供的系统的、长期的援助与福利项目，主要用来管理和解决员工个人问题，从而提高员工与企业绩效的有效机制。

"沈总。"我心里嘀咕，果然职位不低啊。

"哎，叫什么沈总，叫我小冬好了。"女子转向我笑着说，"我叫沈小冬。"

"因为工作太忙，我到40岁才要孩子。"沈小冬喝了一口茶，转向谨，"我有许多事要向你请教呢。"

正说着，一位男子出现在院门口，边走边用手帕擦着汗。不用说，一定是沈小冬的先生了。

谨和我站起身来迎接。

沈小冬看了男子一眼，转向谨说："你看，今天就有一件事情要让你来做'包公'了。"

"包公？"谨忍不住笑了，"又不是断案，你这比喻不恰当。"

谨递给男子一杯茶，男子谦恭地接下应了声"谢谢"。

"请问您贵姓？"谨问。

"哦，我姓常。"男子回答。

"常先生，听小冬说，您有些问题想要问我？"

"是啊，是啊，您是专家。"

“我和小冬是朋友，咱们就不说客套话了，您有什么问题就直说吧。”

“你说吧。”沈小冬看了自己的丈夫一眼。

“我们家孩子现在三岁半，好像自从两岁半开始，行为就越来越奇怪，脾气也特别大。好多行为很古怪，而且还反反复复地做，做一遍不行，要连续重复做上好多天，如果不让他做，就会大发脾气。”常先生着急之情溢于言表，“我觉得孩子从来没有这么难带过，唉。”

大约是天热口渴，也可能是着急，常先生一口气喝了整杯茶，我赶紧把茶续上。

“平时她工作忙，孩子我操心得多。我跟她说，她就说没事。我看她也不想管……”常先生开始抱怨。

谨依旧笑着，只是眼神并没有落在常先生的身上，而是看了看沈小冬。

“说孩子，说孩子，说重点。”沈小冬拍了拍男子的手。

“哦。”常先生立即停止不语了，又一口喝尽了整杯的茶，我急忙把茶再续上，眼看茶水就喝完了，于是反身去取水壶烧水。

“您能跟我说说孩子有什么行为让您觉得古怪吗？”谨调整了一下坐姿，示意我重新换上一泡茶叶。

“有些令我困惑的事情，我来说给您听。”男子又一口喝完了一杯茶。沈小冬斜眼看了自己丈夫一眼，“你那么渴吗？”

常先生注意到了妻子的眼神，慌忙道歉。

谨微微笑了笑：“没关系，说孩子的事情吧。”

“小特从一岁零两个月开始，特别喜欢在地上找烟头。那时候，他开始会走。我们常常晚饭后带着他出去散步，他总能在地上发现烟头，尽管他还站不稳还走不好，但总是试着弯下腰去把那些烟头捡起来，或者指着烟头'嗯嗯'地示意我们。到了两三岁的时候，他还会捡小纸片、小石头，并且像宝贝一样地放在口袋里，弄丢了一定要找回来，有时还要一模一样的才行。您说，这是什么毛病，孩子怎么会收集这些脏东西？"常先生拿起茶，顿了一下，喝了一口。

"常先生不必太担心这个问题。这是一岁半到三岁的孩子常见的行为，其实这是对精细物体的敏感期。大人的眼里可能已不再注意那些微乎其微、毫不重要的东西，但是那些小东西在孩子看来，尺寸大小是合适的，被他们认为是神奇的、值得研究的。这是孩子独有的视角，这个阶段正好培养孩子的细致和周到的性格，也就是孩子开始注重细节了。"

"原来是这样，真没有想到。"常先生有些意外，"那么，您能跟我们说说什么是敏感期吗？遇到这个所谓的精细物体敏感期，我们应该怎么做？"

"敏感期，就是对某种行为品质的关键学习期。你看，孩子有一个阶段会对某种行为特别的感兴趣，会反复不停地做，如果你不让他做，他就会急会反抗，但是过了一段时间，这个行为又会消失。心理学上认为，孩子是通过这个反复的行为在学习某种品质或是形成某种知识能力。而且，在敏感期内的学习，有事半功倍的效果。"谨回答。

敏感期是孩子对某种行为品质的关键学习期。

孩子会表现出：

在一段时间内，对某件事物特别感兴趣，反复实践，其实是为了满足自身探索的需求或是构建内心秩序，在敏感期内学习技能，事半功倍。

谨继续回答常先生的问题：

“孩子在敏感期的探索，你们只要陪着孩子观察或实践就好，不要轻易打断他。就比如孩子捡小东西这个事情，如果孩子捡到脏的东西，可以转移孩子注意力，将东西洗净后再交给他观察。另外要注意的是，不要让孩子把那些东西吃了。”

“是啊，我说没有问题吧。”沈小冬又白了丈夫一眼。

“没有关系，这些情况在大人眼里是不好理解，可是又是孩子某种心理品质形成的重要时期，所以，重视是对的。”谨肯定常先生的细心。

精细物体敏感期（1.5～3岁），影响精细周到的性格。

常先生擦了擦汗，但明显轻松了好多。于是脸上也有了一丝笑容：“谢谢老师，我还可以继续提问吗？”

“很欢迎。”谨笑着回答。

常先生往前移了移：“有一段时间，这孩子非要摆拖鞋玩。大人穿的拖鞋多脏啊，可这孩子早上起床做的第一件事就是把拖鞋按顺序排好。我们制止了好几次也没有用。而且，他还不让我们穿错拖鞋，有一次家里有客人来，错穿了他妈妈的拖鞋，他就非要人家脱下来，弄得大家很尴尬，最后那位客人把拖鞋换了，他才好了。”

“呵呵。”谨笑了笑，“这是特别典型的秩序敏感期行为。”

“秩序敏感期？”沈小冬和常先生异口同声带着疑问重复。

谨端起一杯茶，轻轻闻了闻香，浅浅地尝了一口，放下杯子。

我已经习惯了谨的这个动作，我知道谨接下来会有比较详细的解释，这也说明秩序敏感期是重要的。

“这个时候孩子对秩序很敏感，是因为他正在奋力去认识这个世界的结构。什么结构呢？就是他看到的这些外部环境中各个组成部分的构造及其关系，同时，他还在极力探索自己与环境之间的联系，还有自己身体各个部分之间的构成及联系。”

“啊？是这样子的?！孩子居然在做这么一件事情?！”我们都第一次听说。

“对这个时期的孩子而言，没有秩序，这个世界就是混乱的。因此，东西必须要放在固定的位置，鞋子必须是专人穿的，事情应该是那样的发展顺序，不能颠倒、不能混乱，颠倒和混乱是孩子不容许的。”

看着大家脸上还保持着疑惑的表情，谨接着说：“我再给大家举几个例子，这几个案例是敏感期理论的提出者早年经历的案例。”

事例一：

一个怀里抱着孩子的妇女走在路上，正午的太阳让她觉得很热，于是她脱去外衣。突然，孩子就开始大声啼哭，怎么劝都不行。直到这位妇女穿回外衣，孩子才不哭了，因为孩子认为，妈妈是要穿着大衣的，否则就乱了。

事例二：

一个家里原来的保姆走了，来了一个新保姆。可新保姆为孩子洗澡的时候，孩子每次都哭闹……原来啊，过去的保姆是用右手洗孩子的头，左手洗孩子的脚；而新来的保姆正好相反，左手洗孩子头，右手洗孩子的脚，所以孩子认为秩序颠倒了，因而每次都要哭闹。

事例三：

一个婴儿和家人一起经历了长途旅行，旅途中一直住在高级酒店里，酒店里都有围着栏杆的婴儿床。旅行结束回家以后，孩子被安排和母亲睡在一张大床上，这下奇怪了，从那以后，孩子就开始失眠和生病。这可急坏了大人，可是因为孩子太小不能说出自己为什么烦恼。最后，当将枕头摆出一个婴儿床栏杆的样子的时候，小家伙立即滚了进去，随即就睡着了。原来啊，孩子喜欢在旅行中婴儿床围栏的安全感，当他睡在大床上时，他觉得失去了秩序感，混乱了。

“真有意思。”沈小冬忍不住说了一句，“这么说来，我倒也想起了一些事情。

“我们家一层电梯间门口的过道里摆放着信箱，我们每次经过时都从信箱里拿报纸回家。有一次我们外出吃饭回来，没带信箱钥匙，所以就没有像往常一样打开信箱取报纸。这下子可不得了，孩子闹得不可开交，非得开完信箱才能回家。结果，我们妥协了，回家拿了信箱钥匙，陪着他开了信箱取了报纸，他才罢休。”

谨冲沈小冬笑笑，点点头。

一旁的常先生接口道：“我也记起来，孩子有一阵子从幼儿园回来，总要先按电梯到地下室再回家，坚持了好长一段时间，如果电梯没有到地下室先到楼上，孩子就不依不饶了，非得再把电梯弄到地下室再回到楼上才可以。”常先生顿了顿，“难道这也是秩序敏感期在作怪？”

“呵呵，不是作怪，这是孩子正在形成内在的秩序模式。渡过这个敏感期，孩子就不会执着对秩序的要求了。”谨更正道，“我们有些成人做事没有秩序、毫无章法，比如随意破坏规则，东西随处乱放等，这很可能是因为没有在秩序敏感期形成秩序感。”

“我想问一下，您的孩子这些行为都出现在什么时候？”我问常先生。

"我想想啊，"常先生回忆着，"大约从两岁半开始，一直到三岁多。"

秩序敏感期（2.5～3.5岁），形成内在秩序感。

"常先生是位细心的好爸爸，这些疑问怕是积累了好久。"谨笑着对常先生说。

"是的，是的。"常先生叹道。

"那么最近是什么问题呢？"我又为常先生斟了一杯茶。

"最近啊，唉……"常先生露出头疼的表情，"最近，这小子总不能让东西有一点点和他想象中的不一样，有一点不合心意，就要一个和原来一模一样的，或者就要扔垃圾堆。"

常先生回忆了一下，说："昨天小特要画一个奥特曼，再剪下来。结果小特不小心剪坏了，把奥特曼的手臂剪破了一个洞。就这样一件事，小特大喊大叫，大哭大闹，非要弄一个原来的剪纸来重新做。他的要求很奇怪，就要原来的那个，新的不要，修过的不要，重新画一个也不要。我实在生气，最后忍不住打了小特。"常先生心疼地叹了口气，"可我觉得他也太无理取闹了。"

"这样类似的事情还有吗？"

"有。最近挺多的。比如，玩具坏了就要重新买一个一模一样的，酸奶纸盖被吸管戳了一个洞就要整个扔进垃圾桶里……"

"昨天我看到他打了孩子，才下决心今天一早来找你。"沈小冬在一旁说，"我还没有看过他打孩子，也确实是因为最近孩子的脾气特别大。"

"我曾经碰到过这样一个案例：孩子因为大人切生日蛋糕的时候，没注意保护住一朵花的完整，结果孩子大吵大闹，要把整个蛋糕丢掉。也有的孩子会因为一辆小车坏了一个小车灯，或者一件衣服上面少了一个纽扣大吵大闹。出现类似的情况,孩子都有可能要求变回原来的样子。”

“对,对,对,差不多就是这样的情形。到底是怎么回事啊?”夫妇俩终于异口同声地问。

谨理解地点点头:“你们别着急啊,我来解释给你们听。其实这时候的孩子,进入的是完美主义敏感期,这时候,孩子要求东西必须完美,必须按照事先想好的进行,不能有任何差错。我们成人不会认为一张皱的纸、一个少了一半的苹果是不完美的,而在孩子的眼里,这些就是被破坏了的不完美。”

“这么较真啊,不会一辈子都这样吧?”

“孩子度过了这个敏感期,就不再计较不完美了,因为他形成了内心的和谐与规则。恰恰是那些被压制的孩子,没能好好度过这个时期,有可能终生要追求完美。”

“追求完美主义活得多累啊,完美根本就不存在啊! 你看,咱们今天还是来对了,否则你都打孩子了。”沈小冬忍不住指责起丈夫来。

常先生为难地向谨求救:“那我们要怎么样帮助他渡过这个时期呢?有时候,孩子的要求实在是达不到啊。”

“孩子可能要持续一个月的时间,来度过这个敏感期。首先,你不能着急,你要安抚他的情绪,耐心陪伴孩子。”

“我会的,我会的,我保证不会再打孩子。”常先生抹了一把汗。

“适当的时候,你们可以用一些小技巧。孩子一定要一个一模一样、完美无缺的,你们可以适当地解释。”谨卖了个关子。

“什么技巧?”常先生着急地问。

“比如,刚才你们说的奥特曼,可以对孩子解释说‘这就是原来的奥特曼,只是怪兽刚才来了,他得去换件衣服’,或者告诉孩子这是奥特曼新训练的法术,他只有这样,才能打败怪兽。"谨绘声绘色地说着,"运用游戏的方法或是转移孩子注意力都可以减少孩子在敏感期的苦恼。"

运用游戏转移注意力,这招用在处理孩子情绪上应该很有用。

完美主义敏感期(3岁左右),形成内在和谐。

"今天来得太对了。"常先生站起来非常激动地向谨道谢,"非常非常感谢!您可帮了我大忙了。"

"您这么细致地照顾孩子让人感动,对一个父亲来说不容易。有研究证明,父亲带过的孩子可能比只有母亲带过的孩子更聪明更有成就呢!你们回去可以看看关于敏感期的书籍。"

挥手告别了沈小冬夫妇,谨却望着他们的背影沉思。

我凑上前去,轻轻地问:"老师,您在想什么?"

谨幽幽地回答:"我在想,他们可能还会来找我,希望这只是个担忧……"

"啊?!"我没有听懂。

谨转过身,拉着我进屋:"来看看新画像。"

在鲍姆林德的旁边,我见到一个新的画像。

玛利亚·蒙特梭利(Maria Montessori,1870—1952),杰出的幼儿教育思想家和改革家、意大利历史上第一位学医的女性和第一位女医学博士。作为20世纪享誉全球的幼儿教育家,她所创立的独特的幼儿教育法,风靡了整个西方世界,深刻地影响着世界各国,特别是欧美先进国家的教育水平和社会发展。《西方教育史》称她是20世纪赢得欧洲和世界承认的最伟大的科学与进步的教育家。

“这位就是敏感期理论的提出者吗？”

“是的。埃里克森曾在1930年从精神分析的角度对蒙特梭利教学法进行研究，发表了他的第一篇论文，并由此取得了一张蒙特梭利学校的文凭证书。”

“哦，那么埃里克森和蒙特梭利的主张是？”

“他们对婴幼儿期教养方式的主张基本是一致的。实际上，整个心理学界的主张也基本是一致的。”

“我以前从来没有听说过敏感期理论。”我自言自语。

“敏感期理论在幼儿教育上主要运用在学习方面，因此，我会在课堂学习的时候深入来说敏感期理论。但是，敏感期的发展其实还涉及人格发展的部分。”

“今天聊的这些，如果家长不能理解，就很容易形成破坏。”我对今天听的内容也感到十分新鲜，“而且，我发现一个很有意思的现象，就是孩子度过了敏感期，坚持探索的行为就会自动消失……”

“蒙特梭利认为，敏感期主要在0～3岁时出现，而后，可以在3～6岁弥补。因此，蒙特梭利特别强调尊重孩子自身的探索欲望。

“可惜，许多父母并不知道这一点，他们以为教会了孩子，其实是在以自己的眼光去审视孩子的行为，以自己的价值观去指导孩子，可是实际上却压制了孩子的自由生长，破坏了孩子的自主探索，造成对孩子精神胚胎的伤害。”

“明白了，老师，我把今天所说的敏感期人格画到支线上？”

“可以。”

“好的。谢谢老师。”时间快到晌午了，我便起身向谨告辞。

临睡前,我回忆了今天的经历,在笔记本上写下:

> 敏感期出现的一些行为不易被大人理解,但又是孩子内在发展的需要,父母需要对敏感期有所了解,才不至于破坏孩子内在成长。

第十课

培养乐观品质

这个周六,天气已经进入了盛夏。

谨在树荫下泡茶。我走得口渴,便与谨要了一杯绿茶。绿茶可以清热解暑,喝下一口便觉得整个脏腑像洗过了一样。

谨见我清静下来,便对我说:“请你帮忙把书桌上的一个信封拿出来吧。”

我答应着起身走入屋内,不知为什么,好奇心促使我走进了那间挂画像的屋子,在哈洛的画像右面我又发现了一幅新的画像。

马丁·塞利格曼(Martin E.P. Seligman,1942—),美国心理学家,著名的学者和临床咨询与治疗专家,积极心理学的创始人之一,主要从事习得性无助、乐观主义等方面的研究。1998年当选为美国心理学会主席。

“积极心理学……这不就是老师现在的研究方向吗?”我看着画像,既喜悦又激动,看来谨今天会讲关于积极心理学和育儿的内容。

我从书桌上拿起信封,快步回到院子里递给谨。

谨接过信封，放在一旁，却轻轻地问我："你看到马丁·塞利格曼的画像了？"

"是的，老师。"我恭敬地回答。

"过去总有人问我'一定要按那些理论做吗？我们小时候并没有受那样的教育不是一样活得好好的吗？'"谨拿起闻香杯反复闻着龙井的香气，"孩子受什么样的对待并不会妨碍孩子的生理发育，只是会影响孩子未来的幸福程度。今天我想跟你说说塞利格曼的关于如何培养乐观的孩子。塞利格曼通过研究发现，如果孩子学会了乐观的品质，将来就能更好地应对压力、困难、挫折，生活得更幸福。"

我从手包里取出笔记本，放在茶桌上。

谨伸手取过那张信封，从里面拿出一张图片，图片是一只被套着的狗。谨说："这是一个电击狗的实验，整个实验分成3个部分。第一次实验的时候，塞利格曼把狗分成了3组，每组狗都被套着关在那里，像图片里那样：

"第一组的狗移动头部挤压鞍垫，就可以让电击停止，然后逃出去。

"第二组的狗移动头部挤压鞍垫，无法让电击停止。

"第三组的狗不接受任何电击。"

我认真地听着，心理学实验要求很严谨的设计，通常实验中都会以一个关键变量作为变化，听起来，这个实验的关键点就是"狗移动头部挤压鞍垫是否可以阻止电击"。

谨看出了我的心思，笑着说："第一次实验的结果是，第一组的狗很快掌握了逃生方法，而且随着电

击的次数增多,逃的速度也越来越快,最后和第三组的狗逃脱得一样快。而第二组的狗在30次尝试后,便完全放弃了逃生的努力。”

“可以理解。第一组的狗学会了逃生的技能,而且运用得越来越娴熟,最后逃生的速度就能和第三组的狗一样快了。”我想了想,接着谨的话说,“而第二组的狗发现无论怎么做都逃不出去,最后就放弃了。”

“是的。所以塞利格曼将第二组的狗放弃尝试的行为解释为:获得了习得性无助感。”

“习得性无助感?”我重复道。

“是的,习得性无助感,是一种因为多次失败而形成对现实无望而放弃尝试改变的心理状态。”谨解释。

“这很像是抑郁的原因?”我疑惑地问。

“从某种角度上来说,是的。”谨点点头,“这种心理让人们放弃努力的勇气和信心,失去希望,甚至陷入绝望。”

“那么,后面两个实验呢?”我问。

“在第二次实验中,将第二组的狗放入第一组的箱中做一次成功的逃脱,可是,再一次实验,狗又恢复到无助的状态。”谨摊开手,无奈地说。

“也就是说,偶尔一次的成功,不能改变狗的习得性无助感。”我想了想回答。

谨赞赏地点点头,继续说:“实验三的时候,首先让狗可以逃出去,然后又不让狗逃出去10次。结果,处于逃不出去条件下的时候,狗仍然不断尝试挤压鞍垫,并没有像第一次实验中第二组狗那样只尝试了30次后就放弃了。更有意思的是,有的狗甚至成功地逃脱了。”

“这么说,如果已经有了成功的逃生经历,随后的失败经历并不能马上消除它们改变自己命运的动机。”我拍着手笑着说,“我喜欢这第三个实验的结论，十分鼓舞人呢。”

“习得性无助”的实验结论：

·如果多次尝试不能成功，很可能就会放弃努力，进入一种无助的状态。

·如果过去总是失败，偶尔一次成功，也不足以改变这种无助的状态。

·如果曾经成功，后续的失败也并不能马上使其放弃努力。

谨看到我在笔记本上的记录，点点头说：“许多人曾经从过去的经历中认识到，他们相信自己有足够的能力控制发生他们身上的一切，他们相信自己能够通过努力达到目标。

“然而，也有一些人觉得自己恰恰缺乏这种应有的能力与控制力，他们就会处于无助的状态。这种因无助感而放弃努力的心态，正是产生抑郁的罪魁祸首。

“塞利格曼后来通过研究发现，乐观者会抵抗无助感，面临无法解决问题时也不会轻易放弃。于是，塞利格曼想以此实施一项计划来帮助人们增强力量抵御无助感。”

“这项计划是什么？”

“就是发明一套有效的方法，教会人们怎么从小学习乐观、坚忍、自信的品质来获得未来的幸福生活。这套方法包括以下几个方面……”

谨边说边在我的笔记本上写下：

教会孩子乐观包括以下几个方面：

帮助孩子获得征服感；

帮助孩子培养抗挫能力；

帮助孩子学习乐观解释事情的能力；

帮助孩子学习社会交往。

“首先，我们要让孩子从小获得征服感。”谨在征服感上做个记号。

“征服感怎么获得呢？”

“比如初生婴儿是通过习得哭泣叫来妈妈，他就因此学会了控制哭泣。”

“所以，婴儿哭的时候，就不能放任不管。”我马上联想到前面讲到的母婴依恋。

“有的地方习俗是孩子出生后的前3个月要把手脚都包起来，不让随便活动，认为这样做，可以让孩子长大后不那么调皮，乖乖听话。其实如果让孩子由此觉得不能控制自己的手臂和腿，他就会获得习得性无助感。”

谨接着说：“以前我还遇到一个案例，有个孩子一岁半会走后，总想到桌子边的茶几往上爬去拿上面的小杯子，但是爷爷总是想阻挡他，因为怕他摔下来会造成危险，爷爷搬了一个大箱子挡在桌子前面。而这个孩子总是试图绕过那个箱子，或是爬上那个箱子再翻过去。”

我恍然大悟地说：“这个孩子突破障碍达到目的，就能获得征服感。所以我们前面提到孩子刚学会走时，要尊重孩子的探索欲望。那么孩子的运动爬高，爬爬跳跳，通过运动探索空间，也是为了获得征服感？”

“是的,而且他会逐渐从摔倒与失败中调整并获得征服感。”谨点头。

“这么说,我们之前提到的在孩子6岁前的教养主张——尊重并鼓励孩子探索,能让孩子获得早期的征服经验,这是最早的成功经验,是对孩子获得征服感有帮助的!”我觉得埃里克森的理论在这里有了新的解释。

对于6岁前的孩子,尊重其心理需求,尊重其探索欲望,是帮助其获得征服感。

“其次,我们要教孩子怎样从逆境中获得勇气。这就是我们获得失败容忍力、希望、自信、坚忍的源泉。”谨在“抗挫能力”上画了个圈。

“我来给你讲个故事:我们家孩子6岁的时候,脾气有点大,特别是遇到挫折的时候。有一次她在操场上和小朋友们一起滑轮滑,由于刚刚练习,她还常常摔跤,可是,周围的小朋友们已经滑得很不错了,这让她更难受了,回家后,她把轮滑的护盔往地下一扔,生气地坐在一旁,嘴角委屈地下弯,眼泪直在眼眶里打转。我看她那么难过,就给她倒了一杯水,她居然一反常态大声地说:‘我不喝,就是不喝,渴死算了。’”

谨停了下来,问我:“如果是你,你会怎么做?”

“我?”我有些迟疑,“我会抱住她,然后,和她说:‘妈妈觉得你已经做得很好了。你在妈妈心目中仍然是最棒的。’”

“我猜到你会这样回答。”谨笑着说,“我开始也是这么做的,可是后来我发现,这么做的效果微忽其微。而且,我也在反思,我是否就是要一直这么安慰她下去?还是要让她站起来面对现实?而现实就是,她确实不如别人。

“事实上,孩子不傻,她学得不好,技术不如别人,这是事实,孩子看在眼里，明在心里。当孩子遇到挫折时，我们急于安慰他，哄骗他，给他一个感觉上的自信，认为给孩子带来感觉上的满意，能让他获得自信。其实，这样是进入一个误区。”谨加重了语气。

“那么，您后来是怎么做的呢？”我问。

“我做了3件事：

“第一件事，我让孩子面对现实，她多次滑倒，说明她还掌握得不好。我只能表示，我与她一样难过，但这是事实，她得接受。

“第二件事，我让孩子分析原因，滑得不好是因为练习的时间短，还不够熟练。

“第三件事，我告诉孩子该怎么做，我们增加练习的次数和时间，很快就能滑得更好了。”

“哦。是这样。”我点点头。

“每一次失败都会造成心情沮丧，并夹杂着某种不安、忧虑和气愤。但是，失败是成功之母。我们不能剥夺孩子失败的权利，不能使他们远离失败。在孩子失败时，我们依然保护他，反而很难使孩子获得征服感，孩子获得的只是感觉上虚假的满意，廉价的成功的感觉。更糟的是，这些反而会使孩子不能承受失败，挫折容忍力低，当他们遇到困难时不能坚持，缺少信心，没有希望。

“因此，我们要使孩子经历征服，必须先让他经历失败，我们需要做的是，让孩子在接受失败之后，还能从困境中坚持努力尝试，直到成功。由此，我们就培养了孩子的自信和坚持的品质。”谨深刻地揭示了培养抗挫折力的目的，是让孩子接受失败，并且能从失败中重新站起来。

让孩子接受失败事实，分析原因，并且通过努力，获得进步，是培养孩子抗挫折能力的方法。

“再次，如何让孩子在逆境中学会乐观而不是无助感，这取决于父母如何来给孩子解释失败与成功。”谨在“乐观的解释风格”上画了个圈。

“你还记得教育心理学上常提的归因理论吗？”谨问我。

“记得，是美国心理学家伯纳德·维纳提出的。”我回答，“维纳讲的是人们怎么解释自己所获得的成就的原因。人们会把自己的成功或失败归于4个因素：(1)自己的能力；(2)自己的运气；(3)任务的难度；(4)付出努力的多少。而4个要素，又可以从是否可控、是否稳定、是外部的还是内部3方面来划分。”

说到这儿，我凭着对课堂讲解和书本的记忆，在笔记本上画了一个表格：

	内在的		外部的	
	稳定	不稳定	稳定	不稳定
可控	能力、天分	情绪、身体	任务难度	运气
不可控	持久努力	一时努力	他人偏见	他人帮助

“对，从这张表格可以看到该如何教会孩子乐观。”谨看着我画好的表格，接着说，“如果孩子成功时，把原因归为孩子内在的稳定的可控的原因，就是给了孩子信心，可以告诉孩子他本身就具备成功的条件，只要努力就容易成功；如果把成功归因于运气好或是受他人的帮助这种外部

的不稳定的原因，会打击孩子自信。如果失败了，就告诉孩子，这只是一时的，不是永久的，只是外部的不稳定原因，可以通过努力而改变的。”

“是啊，有的父母怕孩子骄傲，总是会说，‘你考得好吗？不过就是运气好而已，不要骄傲啊！’有的父母在孩子失败时会说，‘就是因为你太笨了，你还能做好什么啊？’这样的做法就会使得孩子更加消极。”我接口道，“这样做就打击孩子了。”

把成功归于孩子自身稳定的原因，包括努力和天分，孩子有信心；把失败归于努力与准备不足，孩子会积极调整。

“最后，”谨指着“社交技能”说，“这个也很重要。你想想，孩子最早是从与其他人交往中获得征服感的，对吗？”

“最早从婴儿饿了或是尿布湿了的时候开始，大人不要让他不停地哭，要尽快将他抱起。这么说，婴儿学到用啼哭的方法减轻不适就是最初的社会交往的互动。”

“孩子大一点，可以让孩子扮演各种成人角色，通过玩‘过家家’的游戏来提高孩子社会交往的控制力。”

“对啊，在埃里克森3～7岁的发展阶段提到了，孩子是在社会交往中获得主动性，克服羞怯和内疚。因此，社会交往其实关系到人的自信和控制力的来源。”我已经能把知识贯通起来理解了。

“所以我们要教会孩子‘ABC理论’原则，培养孩子学会从别人的角度看待问题，学会从良好的解释来看待对方的行为，积极地向对方表达自己的情绪感受，增强在社会中的互动。”谨接着说。

“‘ABC理论’？”我对这个名词并不熟悉。

“这可是人际交往中的一个重要的技巧。”谨笑了笑，指了指我的笔记本，这是谨第一次提醒我记录，可见这个词的重要性！

“情绪‘ABC理论’是由美国心理学家埃利斯创建的。这个理论可以阐释为‘现象—解释—行为’，当你看到了现象，继而对现象进行解释，最后对现象如何解释将影响你接下来的行动。比如，当你看到一只小狗正冲你叫喊，如果你接下来解释为‘它在向你示好’，那么你将会走向它或者向它打招呼；但是，如果你将狗叫的行为解释为‘它在向你示威并且敌对要咬你’，那么你将会采取走开或者防御的措施。”

ABC理论：

现象—解释—行为

对相同现象的不同解释，将决定你对所看所听的情绪和行动。

“我来考考你啊。”谨拿起信封，从里面找出了一张小卡片递给我，“这是上次我传播塞利格曼理论时用的教具。”

我接过一看，是常用的练习卡，于是读起上面的案例来：

安妮接受了一个任务，需要在班上建起一个团队，来完成一个课外活动任务。

安妮先打电话给好友陈静，没想到陈静却表示，由于自己的业余时间被课外班占用了太多，所以不想再参加课外活动了。

第一个失败令安妮很沮丧，安妮又打电话给自己的小组长韩刚，结果韩刚告诉她，由于老师安排给了他另外一个任务，他不能参加安妮的活动了。

安妮尝试着打出第三个电话，是她的同桌，没想到，她的同桌却突然断线了。

接连的失败令安妮备受打击，一开始接到任务时欢欣鼓舞的心情一落千丈……

如果你现在是班主任，你会怎么安慰安妮呢？

我愣住了，不知道该怎么处理，不觉摇摇头。

谨看我为难了，于是对我说："首先，你要让安妮审视自己的内心，到底是什么原因让自己沮丧。现在假设你是安妮，我来做班主任。"

"嗯，我会觉得是因为自己不受同学们欢迎或者我做错了什么得罪了他们。"我轻声说。

"如果这样想，是不是容易陷入悲观、习得性无助的困境？"谨提示我。

"是的。"我突然想起来，这样的归因并不合适。

"那么按照归因理论，你应该教会安妮怎么样想比较合适？"谨引导我继续。

"前两位同学已经给出了理由，他们确实抽不出时间来，如果硬要参加，反而可能耽误了我的工作，所以他们是好意。"我回答。

"很好。"谨的脸上露出赞许的笑容。

"至于同桌，可能是她今天心情不好或者信号不好。"我想了想，对同桌的行为也做出了解释。

"很好。接下来该怎么办呢？"谨示意我继续。

“我想，我该调整一下说话的策略，比如，我不能只是简单地邀请，我应该想想这个课外活动能给同学带来什么好处。比如，这个活动可以让人开阔视野、增长知识、获得新的思维锻炼。”

“非常好。你的训练结束了，你现在可以继续去邀请下一位同学了。加油！”谨给了我一个击掌祝贺。

在社交中，教会孩子善意理解他人的行为，调整自己行为的积极导向，培养其社交技能。

写完了笔记，我又在卷轴的0～12岁处写下：

培养乐观的思维与技能。

“老师，这幅卷轴都画满了。”

“你已经基本完成了这部分的学习内容了，这部分的学习更详尽地介绍了一些重要的人格品质是如何通过教养方式形成的，把它收好，送给你了。”

“谢谢老师。”收到这份意外的礼物，我有些惊喜。

临睡前，我梳理了一天的课程，在笔记本上写下：

> 乐观是培养孩子的重要品质，从0岁就要开始培养，父母要做的就是让孩子成功并且学习对待挫折与失败。

放下笔记本，我又一次展开卷轴，细细回想着每个年龄段的理论与案例。

0～1.5岁：培养信任感

1.5～3岁：培养自主意志

3～7岁：培养主动感

7～12岁：培养勤奋

0～12岁：培养乐观品质

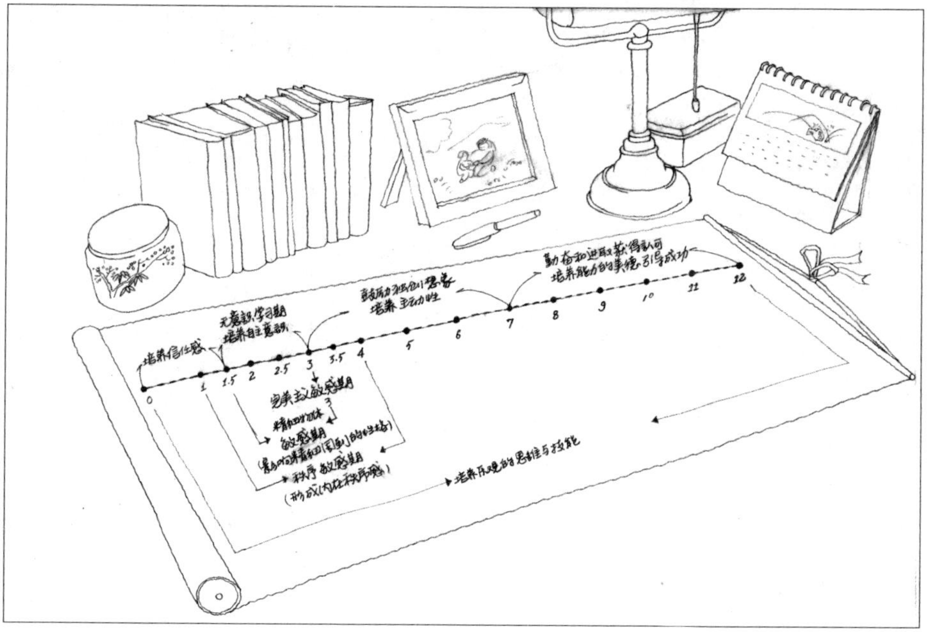

第三章

培养正确的学习教育观念

星期三晚上，我接到了黄莺的电话。相互问候之后，黄莺和我聊起了最近的经历："上次培训后，有位妈妈把我拉进了她创建的一个妈妈群里。唉，这个群里的妈妈老为孩子的学习问题争论不休。其中好多问题，我也没搞懂。"

"说到学习这个问题，我也有困惑呢。我有个表姐叫李晴，她的孩子朱朱今年5岁了，她给朱朱报了好多学习班，朱朱经常要奔走在各个学习班之间……我也很困惑啊！难道，我将来也要让我的孩子这样吗？"我也疑惑地问。说实话，她也不愿意这样做，可是周围的人都这样做，难免会给自己带来群体压力。

"要不这样吧，我们一起请谨老师聊聊关于孩子学习的问题。"黄莺提议，"你说，提到中国的教育，能不谈学习吗？不可能嘛！"黄莺是个想到就做的个性，想到这里，就去给谨打电话了。

一会儿，谨、黄莺和我的三方通话接通了。

最后，谨说："这个周末可以像上次一样，举行一个小范围的讨论会。"谨从来没有拒绝过妈妈们的要求，"黄莺，你能跟我说说，她们主要讨论的问题有哪些吗？"

黄莺已经做了收集和准备，马上回答说："主要内容包括：

怎么能让孩子爱上学习？

学习有什么好方法？

怎么做好早教？”

“嗯，你列的这几个主题很好。明后天你把一些有争论的聊天记录发给我看看。”谨很认真。

“那么场地呢？”我提问。

“我可以联系到场地。”谨建议，“就在我们小区的会所里吧。”

放下电话，我想终于谈到孩子的学习问题了，这可是中国父母最关心的教育内容之一，对于好多家长来说，这是最重要的教育目标。

我从小到大一直是学习成绩不错的孩子，是老师的宠儿。但是回味起读书的过程，我却觉得十分疲惫，甚至觉得是折磨人的。我不聪明，用的是笨鸟先飞的办法，付出了比别人多的时间来学习，也因此，学习之外没有时间玩。从3岁开始，我就会默写唐诗，7岁进入小学。进入中学后，我的学习就很吃力了，到了高中和大学，开始很难理解深奥的学习内容，只能依靠死记硬背。为了保持住学习竞争中优越的名次，我一直是利用寒暑假提前预习的办法，每个学期花数倍的时间复习、课外做题海，以至于现在，觉得自己的大脑因为在以往的学习中使用过度，已经产生过度疲劳的症状，后来还花了好长的一段时间，来适应生活中没有了考试带来的成就感。

回头想想，我不禁长叹了一口气，虽然自己是考试能手，可是今天记住的内容也不多，高考前的一切努力，看起来十分功利，并没有真正帮助到自己。

如果可以，我也想更科学地引导孩子学习。这对于妈妈和孩子来说，是多么有意义的事。我充满期待。

第十一课
如何让孩子爱上学习

这个周六,北京已进入夏秋之交。

今天的谨穿了一身蓝色的运动装,蓝色祥和、静谧却有力量。讨论按时开始。

“今天是我和大家做分享,所以,大家不用拘束,可以随时打断我参加讨论。”谨为了活跃气氛,先给大家讲了一个故事:

一个老司机带年轻司机开长途。年轻人开了3小时就累了,便请老司机换开,老司机接车后开了七八个小时,仍然精神十足地哼着歌。年轻人很奇怪。心想,我才20岁,老师傅已经五十多岁了,他怎么可能做到比我还有体力和精神呢?

“为什么?同学们,你们觉得为什么?”谨笑着问大家。

大家不知道怎么回答这个突如其来的问题,一下子安静下来。

年轻司机问老司机:“你怎么可以开这么久呢?”

老司机反过来问年轻司机:“你出门时怎么对老婆说的?”

年轻司机回答:“我要去上班了。”

老司机笑着说:“难怪！我和老婆说的是‘我要开车兜风去啦！’”

人觉得累往往不是因为事情多,而是在做事前就把很多事当作是一种痛苦。”

接下来，谨话锋一转:“可是现在有的孩子就把学习当成一种痛苦。我看大家在群里埋怨孩子们读书不努力、读书不用功、喜欢玩游戏,不喜欢复习、做作业慢慢吞吞……可是,大家想过没有,如果孩子们把学习当成令人愉快的事情,他会这么痛苦吗？”

“这可能吗？”一位妈妈接口道,“难道学习还能变得像游戏一样吸引人？”

“那么我们今天就来讨论讨论,是什么让孩子把学习变成了一种痛苦?”

“老师,您说吧,不用和我们讨论了。”一位妈妈接口道,“我们知道您有很强的专业背景,您就给我们说说吧。”

谨笑了笑说:“我总结,让孩子把学习变成痛苦主要在于三方面的原因:

1.学习不是件有趣的事;

2.学习是件有很大压力的事;

3.学习不是一件有成就的事;

而且,我觉得孩子爱不爱学习,完全在于家长的引导。为什么这么说呢？家长要怎么做呢？”谨开始进入正题。

“学习为什么没有趣呢?

1.教育的内容超出了孩子的发展阶段;

2.孩子不能凭自己的兴趣发展；

3.我们现在的教育都提前化。

“为了不让孩子输在起跑线上，家长们都很希望看着孩子在语文、数学上有令人咂舌的表现。家长还很希望让孩子出来表现一番，让家长觉得有面子。而现在的学校教育，也存在提前化的现象，小学的课程内容压到了幼儿园，初中的课程内容小学生就在课外通过补课学习了。

“其实，孩子的思维发展要有一个过程，一般到了某个年龄可以理解到某个程度，但如果教育提前化，学习就是一件很难很费劲的事情，本来很自然的事情，揠苗助长了，反而起到了反作用。我经常看到一些被学习压得透不过气来的孩子，脸上难得露出笑容。”谨有感而发地说，“什么是思维发展？我们来说一个著名的心理学家皮亚杰的理论。在认知这个理论的基础上，我们来理解孩子的许多学习行为是依照年龄来发展的。”

谨转身打开PPT，放出投影。投影上出现一位老人的样貌，边上写着生平介绍。

让·皮亚杰(Jean Piaget，1896—1980)，瑞士人，近代最有名的儿童心理学家。他的认知发展理论成为儿童发展心理学的典范。1929—1975年，皮亚杰在日内瓦大学担任心理学教授。1969年获颁美国心理学会的杰出科学贡献奖，1977年获得了心理学界殊荣——爱德华·李·桑代克奖。皮亚杰的理论对于现今的哲学、教育学、人工智能等学科的发展都产生了深远影响。

每每看到心理学家的画像，我都心生敬意，和大家一起读着皮亚杰的生平，心里想：这便是空着的第六个框格里的画像了。

谨接着说：

“皮亚杰把认知发展分为4个阶段：

感知运动阶段(0～2岁);

前运算阶段(2～7岁);

具体运算阶段(7～11岁);

形式运算阶段(11岁以后);

"皮亚杰认为,所有儿童都严格按照同样的顺序发展。

"有可能变动的地方在于,由于时代的发展,儿童经历4个运算阶段的年龄可能有所提前,而且每个孩子的发展速度是不同的,有快有慢,在这些细节上需要家长自己观察。"

皮亚杰认为:

儿童认知心理发展分4个阶段,按一定顺序发展。

"第一个感知运动阶段指的是孩子0～2岁,这个阶段的孩子靠运动发展自己的感觉与知觉。

"当孩子从出生到第一个月时,婴儿只会先天反射活动,比如吸吮乳头以及像吸乳头一样吸吮玩具。这个时候,如果你在孩子面前吊一个玩具,再缓缓离开,你会发现,孩子的眼睛只能在小范围内追寻移动的物体,而且当物体消失后就不再理睬了。

"当孩子第四个月时,孩子自己能吮吸手指,发出喔喔声,他们对自己这种控制活动感到很满意,就会重复这个行为。大家注意一下,婴儿对行为的重复是一个重要的学习。这个时候,如果你在孩子面前放一个电动的会爬的玩具,如果这个玩具自己爬着爬着掉到了床底下,孩子就会有意识地看玩具掉下去的地方。

"当孩子再大一点,到8个月时,他就会挤压一只橡胶的小鸭子,让它发出嘎嘎声，像这样的动作能给孩子带来乐趣，因此被不断重复。他们突然对外界事物产生兴趣，已经开始能把自己和周围环境中的可控特体区分开来了。这个时候，如果你在孩子面前把一个玩具藏起来，孩子就会去找。

“当孩子快一岁时，就会协调两种以上的动作来达到一个目的。比如，把一个有趣的玩具放到坐垫下面，9个月大的婴儿会用一只手提起坐垫，再用另一只手抓取玩具。这个时候如果东西不见了，孩子会自己去找。

“当孩子快到一岁半时，他们不只会把橡胶鸭捏得嘎嘎叫，还会用扔、踩、压等不同方法去挤压鸭子，这个时候的孩子会观察不同行为能对该玩具产生什么相同的或者不同的结果，这是他们培养解决问题能力的开始。这时候的孩子，已经会玩躲猫猫了。

“当孩子快两岁时，就达到了这个发展的最高水平。孩子能使用工具来获取他想要的东西，能够模仿更复杂的动作。”

这段说得有些长，但是因为是关于孩子的话题，妈妈们听得津津有味。“老师，那我们可以根据孩子的这些特点，为孩子挑选玩具和进行游戏吗？”一位妈妈问。

“当然，这是非常正确的。观察并发现孩子的发展，陪孩子玩，就是有效促进孩子的智力发展。”

0～2岁的孩子，从先天条件反射到问题解决能力的发展，家长只需要观察孩子动作能力的发展，并陪伴着玩耍，在合适的时机提供合适的玩具。

正当我心里有疑问的时候，一位妈妈提问了：“谨老师，能不能告诉我们两岁前，应该给孩子买什么样的玩具呢？”

“没问题，下次课上我会给大家一份指导。”谨的回答让大家很开心。

“第二个阶段是前运算阶段，2～7岁的孩子会给别的孩子起外号，也会给东西起名字，开始喜欢玩‘过家家’的游戏，能假扮成另外的人物，而且会使用道具。

“但是六七岁以下的儿童可能还不能理解数学上守恒的问题，这说明思维上还不是很成熟。儿童在这个阶段还不能站在别人的角度看待问题。”

“这是幼儿园的阶段。”一位妈妈说，“我们孩子学到了百以内的加减法。”

“我们把拼音都学了，汉字能认识好几百字呢。”另一位妈妈说。

“一位幼儿园老师对我说：因为家长的需要，园长让我们教4岁的孩子写字，5岁的孩子做20以内的加减法，6岁的孩子学100内的加减法。我的感觉非常糟糕。因为对于那些小孩子，他们根本无法集中精力学习，我们采用课堂教授的方式，也不适合这个阶段孩子爱游戏的心理特点，孩子完全是被逼着学习，他们不喜欢学习，而且专注力极差。”

大家低头不语，谨怕大家不理解自己的意思，补充说道：“我需要强调的是，不是学了多少知识是好是坏的问题，而是教学方法是否适当，以及孩子是否能接受，是否能适应。如果一个孩子是通过妈妈讲故事学习的汉字，这是自然而然的事情，孩子很愉快，学习目的也达到了。”

“老师，您这样说，我明白了。”一位妈妈反思道，“过去我们真的要求过幼儿园要多教汉字多教拼音多教数学，因为幼升小的压力大。现在，我明白了，急功近利是不可取的。”

谨点点头:"孩子从7～11岁才会进入具体运算阶段,这个阶段的孩子容易理解守恒问题,会运用数量关系与逻辑推理来得出结论。比如,他们能进行具体运算的顺序性,可以从A>B,B>C推导至A>C。

"孩子从11～13岁进入形式运算阶段,这个阶段的孩子可以进行假设演绎推理,能够进行归纳推理。他们可以把逻辑关系用X、Y等函数关系来表达。"

"这些都是传说中的奥数阶段吧。"一位妈妈有兴趣地问,"老师,奥数可以学吗?"

"教育部禁止奥数班就是一种态度了。"谨回答说,"奥数是一种思维训练,是为那些尖子生准备的。不理解的孩子学习奥数,只会对他未来学习数学形成心理上的障碍。所以,学不学在于你对自家孩子的观察和理解。"

"好多时候,因为家长太想让孩子在未来竞争中获胜,这种焦虑心情导致家长忽视了孩子的感受和能力,只是一味地提出要求。"

孩子在什么阶段学习什么,需要符合孩子的思维发展规律,超前了,教育的方法不适当,孩子不容易理解,就会采用错误的学习方法,比如死记硬背。更糟的是,这种超前还可能破坏孩子学习的兴趣。

"家长对孩子学习的安排没有尊重孩子的兴趣与发展。

"社会上有很多的兴趣班。有的孩子白天上幼儿园,晚上回来后还要上各种兴趣班。周一跆拳道、周二钢琴、周三英语、周四围棋、周五舞蹈、周六游泳、周日画画。这个情况属实吗?"

妈妈们点点头。

“为什么？因为不想让孩子输在起跑线上吗？”谨问大家。

“原因有很多种，有的家长是因为不愿意让孩子玩游戏和看电视，有的家长真是因为想让孩子成才。”一位妈妈回答。

“我并没有完全否定兴趣班的学习，只是建议家长们要正确地选择兴趣班。”

“是啊，老师，我们也想不用自己的想法去替代孩子的想法，可是我们只有自己长大的经验和判断，我们怎么去了解孩子呢？不是我们不想，是我们不会做呀！”

“别着急，我们一起来讨论兴趣班的选择问题。”谨一边安抚着急的妈妈，一边继续，“兴趣班，顾名思义，首先要孩子喜欢，如果孩子打心眼里喜欢，那么他就会认真快乐地去学习。如果孩子有太多的课程要学，就没有办法去学精一门，那么除了把孩子弄得疲惫不堪外，也会使孩子失去学习的兴趣。而且，孩子可能最终什么也没学到，什么也没学好。”

“老师，这个问题还是有争议的，有什么理论可以支撑吗？”一位妈妈举手提问。

“关于兴趣的发展，最好遵循多元智能发展的理论。简单来说，就是根据孩子自身发展的优势来选择，优先发展孩子出色的那部分智能，这样孩子能更快地发展与进步，很容易获得肯定激发孩子的兴趣，同时也会带动其他智能的发展。家长需要通过观察，理智地选取那一两个孩子最喜欢、发展最好的智能来。”

“老师，什么是多元智能理论？”

“多元智能理论是由美国哈佛大学教育研究院的心理发展学家霍华德·加德纳在1983年提出的，他本人也因此被誉为‘多元智能理论之父’。”

我默读着画像旁边的文字，心想这应该是第七个相框里的画像了。

霍华德·加德纳(Howard Gardner,1943—),世界著名教育心理学家,现任美国哈佛大学教育研究生院心理学、教育学教授,波士顿大学医学院精神病学教授,专著超过20本,发表论文数百篇。《纽约时报》称他为美国当今最有影响力的发展心理学家和教育学家。

“多元智能后来发展到了9种,我们接下来具体看看这9种智能。

“1.语言智能:拥有这种智能的人听说读写能力强,因此适合从事作家、演说家、记者、编辑、节目主持人、播音员、律师等职业。比如,著名的戏剧家莎士比亚。

“2.逻辑数学智能:拥有这种智能的人运用数字和推理能力强,他们喜欢用推理来进行思考,喜欢提出问题用实验来寻求答案,寻找事物的规律及逻辑顺序,对科学的新发展有兴趣。有时候,他们会从他人的言谈和行为中找碴,对可被测量、归类、分析的事物比较容易接受,适合从事与数字有关的工作。

“3.空间智能:拥有这种智能的人对色彩、线条、形状、形式、空间及它们之间关系的敏感性很高,而且能通过平面图形和立体造型将这些关系表现出来。这类人在学习时是用意象及图像来思考的,适合从事与美术、建筑等相关的工作。

“4.肢体运动智能:拥有这种智能的人活泼好动,喜欢动手建造东西,喜欢户外活动,与人谈话时常用肢体语言。善于运用整个身体来表达想法和感觉,以及运用双手灵巧地生产或改造事物的能力,透过身体感觉来学习思考。运动员、舞蹈家、外科医生、手艺人都有这种智能优势。

“5.音乐智能:这种智能主要是指人敏感地感知音调、旋律、节奏和音色等能力，表现为个人对音乐节奏、音调、音色和旋律的敏感以及通过作曲、演奏和歌唱等表达音乐的能力。”

“是啊，我们家孩子一听到音乐声就跟着跳舞。”

“我们家孩子学钢琴时一点也不费力。老师弹琴，他蒙着眼睛就能听出是哪个音来。”

谨听着妈妈们的讨论逐渐转移到孩子身上来，很高兴，这说明妈妈开始学以致用了，她鼓励着妈妈们这么做，继续阐释：“这种智能在作曲家、指挥家、歌唱家、音乐评论家、乐师、制作乐器的人那里都有出色的表现。”

“6.人际智能……”谨有意停顿了一下，想听听妈妈们的反馈，但这一次，没有了。显然大家不能理解这种智能的具体含义。

“人际关系智能，是指理解别人和与人交往的能力。包括：组织能力、协商能力、分析能力、人际联系。”

“老师，分析能力与人际联系怎么理解？”

“分析能力，指的是能够敏锐觉察出其他人的情感动向和想法，比较容易建立密切关系的能力；人际联系指对他人表现出关心、善解人意和团体合作的能力。”

“7.内省智能：这种智能主要是指认识自己的能力，正确把握自己的长处和短处，把握自己的情绪、意向、动机、欲望，对自己的生活有规划，能自尊、自律，会吸收他人的长处，会从各种反馈中了解自己的优劣，常静思以规划自己的人生目标，爱独处，以深入自我的方式来思考，喜欢独立工作，有自我选择的空间。”

“难道，这是心理学工作者的智能？”

“是的。除了心理学工作者，政治家、哲学家、教师也会在这种智能上有出色的表现。”

“8.自然探索智能——能认识植物、动物和其他自然环境的能力。自然智能强的人，在打猎、种田、生物科学上的表现较为突出。”

“老师，我特别喜欢植物，能认识很多草药，我自己能从山上采草药，这个算不算？”一位妈妈好奇地问。

“当然算。不是每一个人都能认识草药的呢。”谨肯定地回答。

“9.存在智能：人们表现出的对生命、死亡和终极现实提出问题，并思考这些问题的倾向性。”

“这一定是哲学家干的事吧。”

“或许宗教也算吧。”

妈妈们又开始热烈讨论了。

“我可要好好对照一下我们家孩子，他到底哪方面擅长……”

“老师，这9种智能，是人与生俱来的吗？”一位妈妈问。

“是的。加德纳认为，每个孩子出生时，在某种程度上拥有这9种智能，但这些智能的开发和培育需要靠环境和教育。”

“那我们该怎么做？”有几位妈妈同时提问。

“观察！如果一个孩子的音乐能力很好，而语言能力还没发展起来，那么家长可以送孩子去学习音乐，或者用音乐的形式鼓励孩子表达，这样，孩子不但能够在音乐上有所进步和发展，而且在语言表达上也会有进步。”

“哦，也就是说，要先发展孩子的特长智能。”有位妈妈恍然大悟。

“是的。”谨点头认同，“先发展的智能也会带动相关的智能。但是请妈妈们在尊重孩子自然发展的基础上选择课程，千万不要求全。”

“没想到教孩子学习还有这么多学问呢。”

"唉，可惜我知道得有点迟，我就是那个一周给孩子报7个班的。"

父母应该让孩子优先发展擅长的智能，从事擅长的活动，然后带动其他能力的发展。

（这也和培养乐观时提到的培养征服感有关。）

"接下来我们再来讲第二个原因：为什么孩子学习会有压力？"谨示意大家讨论，"学习是为了什么？"

"生存的基础。"一位妈妈回答。

"未来过上好生活。"

"考上大学。"

"知识与修为。"

每位妈妈都有自己的答案。

谨的神情严肃起来。

"学习的意义在一定范围内变得狭窄而且功利。

"我们家长对待学习的态度，是把学习当成了孩子竞争走向权贵的一种路径。于是学生的学习成绩就被变相地夸大了它的意义。

"于是，孩子们从小就得经历竞争，为了在竞争中取胜，必须进行题海战术，必须承受排行榜带来的压力，家长们却忽视长期的压力对孩子心理健康所造成的影响。日本近年来的研究发现，抑郁很大程度来自于压力的积累。

"我们家长千万不要为了学习成绩就毁了孩子的心理健康，学习成绩不一定能给孩子带来未来的成就，但是心理健康却很有可能决定了一个人一生的生活质量。"

谨的话让各位妈妈很纠结。

“而且，过于重视学习成绩与学习排名对孩子的学习未必能起到促进作用，学习压力造成的学习紧张情绪很容易影响孩子的临场发挥，越大的压力，越高的期望，反而会影响到孩子自然的发挥。”

谨接着说：

“罗伯特·耶基斯(Yerkes Robert Mearns，1876—1956)，著名的比较心理学家，他曾在哈佛大学创建过实验室，曾经提出一个著名的耶基斯—多德森定律。

“这个定律说，学习动机与学习结果之间可不是简单的关系，并不是动机越强结果就越好，有的时候还正好相反，随着学习动机的增强，学习效果反而是下降的。因为动机过强反而使学生产生紧张、焦虑的情绪，造成了学生的注意力、知觉范围变窄，记忆和思维也都受到影响，很容易产生发挥失常的现象。”

谨打开一张象限图。

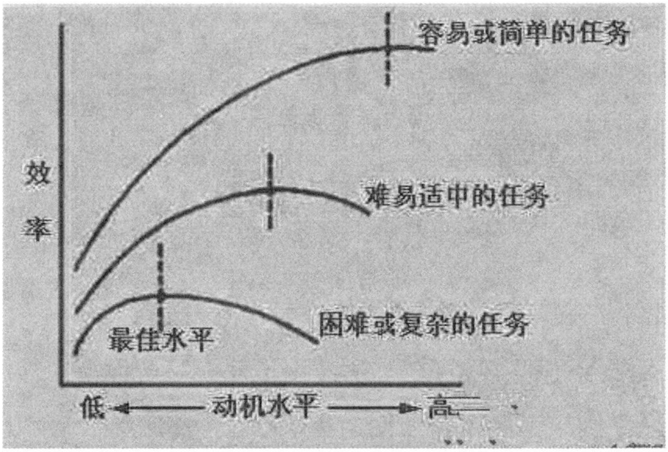

“从图上我们可以看到，并不是学习动机越强，效率就越高对吗？”图上是个倒U形曲线，也就是说，当学习动机达到一定水平再持续增加时，

学习效率反而是下降的。随着任务的难度加大,最佳的动机水平却是越低的。"谨指导大家看着3条曲线的最高点,进行比较,果然,最困难最复杂的任务,反而是动机水平越低时,学习效率越高。

"哦!所以孩子做难题时,就不要在边上给孩子压力了。"一位妈妈接口道。

"嗯,对了,心理学总是教我们更智慧地看待与处理。"谨笑着回答。

并非学习动机越强,学习效率越高,对于困难和复杂的任务,反而是学习动机越弱,效率越高。

可不要给孩子太大压力了,孩子太强的动机,未必能出好的学习结果。一张一弛,才是文武之道。

"那老师认为,学习是什么?"一位妈妈问。

"我认为,学习是试误的过程。这不是我说的,是一位著名的教育学家桑代克说的。"谨回答,"桑代克做了一个实验,把一只猫关进笼子里,笼子里面设了一个机关,猫如果正确启动了机关,就能把门打开,得到食物。于是,猫就在多次失败后发现了那个机关,它就成功学习了怎么拿到食物。

"所以,学习中失败与错误都是经验,有了这些经验,更让人从中学习更丰富的知识。"

"唉,我们老在孩子做错题目时,大声训斥……"

"是的,这样不但吓坏了孩子,还让孩子把学习看成是一件不愉快的、令人恐惧的、充满压力的事情。同时,孩子因为被你的情绪吓坏了,而忘记了分析与修正错误。"

"看来以后再也不能因为做错题目而盲目惩罚孩子了。"

“是的，不能随便惩罚。如果是学习态度或是马虎的问题，需要指导孩子改正，但我们建议用鼓励的办法。”

学习是试误的过程，父母需要正确看待孩子学习中所犯的错误，不能一味用打骂的方式来解决问题：

如果是初犯，需要家长的指导；

如果是不理解，需要家长耐心；

如果是学习态度不认真，需要家长的纠正。

“最后，我们来讲第三个原因：为什么孩子会把学习当成一件毫无成就的事情。

谨与大家分享一个关于邻居家的妈妈一件事：

Andy 6 岁，上双语幼儿园。上了大班以后，小家伙突然对英语不感兴趣了。回家后不愿意说，也不愿玩英语光盘里的游戏，于是我就去找老师了解，可是老师也说不出原因。

我心里想，本来 6 岁前就没给孩子报英语班，现在孩子对英语不感兴趣，那去报一个班吧，有兴趣了就好学了。于是给孩子找了一家以外教为主的培训学校。

上课前，培训学校专门测试了孩子的英语水平，给孩子分配了一个适合孩子水平的班级。第一节课后，外教老师通知我留一下。

我有点紧张，不知是孩子调皮，还是孩子跟不上学习进度。没想到，外教老师说：

‘您好，Andy妈妈，今天是Andy上的第一堂课，Andy表现得特别好。可能一开始，他还不太能理解我的意思，但是很快他就适应了，并且非常开心地和我们一起进行了英语游戏。他上课时能举手发言，很积极。他是一个很聪明而且很积极乐观的孩子。我想，他适应这个阶段的课程完全没有问题。'

外教冲我说完这番话，还低下头与孩子一击掌，鼓励说：'Good job.'

我完全呆住了，没想到老师会表扬孩子，而且把孩子说得那么好。回家的路上，Andy疑惑地问我：'妈妈，我的英语真的有那么好吗？'

'当然啦，老师夸奖你，你不也听到了？'我借机鼓励孩子。

奇迹发生了。孩子第二天早上就开始主动和我用英语交流啦。

谨讲完了这个案例，微笑地看着大家。"这是一个正面教育中非常见效的方法，成就感马上就让一个孩子爱表达爱学习了。

"可惜的是，现在许多家长在学习上对孩子还是采用批评的方式。比如：'你怎么这么笨，你怎么这么粗心，这么简单的题目都做不好，以后还能干什么?!'

'考得这么差，上课到底有没有认真听讲啊?!'

'又考这么差，丢死人了。你看看隔壁家的。'

……"

妈妈们再一次沉默了。

"当然，也有在打骂中奋发图强的孩子，不过，这样的孩子，心灵是扭曲的，情绪是不稳定的，也会影响到孩子性格的形成与人际交往。以后孩子长大了，很不自信，甚至表扬他，他还会疑惑。这样的孩子往往也难有自己的思想和主动性。"我想起来，之前在讲到教养方式对人格培养时提到过：如果父母沟通方式不对，会影响到孩子的人格发展。

常在否定评价中成长的孩子可能会：

·常否定评价别人

·不敢接受赞美

·超敏感

·不自信

·好强

·懦弱

·幸福感低

“这里还有一个相关的经典心理学实验介绍给大家。

“罗森塔尔曾经做过一个教育心理学上著名的‘期望效应’实验。

“1968年，罗森塔尔教授和另一位教授带着一个实验小组走进一所普通的小学，对校长和教师说明要对学生进行发展潜力的测验。他们在6个年级的18个班里随机抽取了部分学生，然后把名单提供给任课老师，并且郑重地告诉他们，名单中的这些学生是学校中最有发展潜能的学生，并再三嘱托教师在不告诉学生本人的情况下注意长期观察。

“8个月后，当他们又回到小学时，惊喜地发现：名单上的学生不但在学习成绩和智力表现上都有明显进步，而且在兴趣、品行、师生关系等方面也有了很大的变化。

“罗森塔尔和他的搭档认为，由他们提供的假信息最后出了真效果的主要原因是：权威性的预测引发了教师对这些学生的较高期望，就是这些教师的较高期望在8个月中发挥了神奇的暗示作用。这些学生在接受了教师渗透在教育教学过程中的积极信息之后，会按照教师所期望的来重新塑造自我形象，调整自己的角色意识与角色行为，产生了神奇的‘期望效应’。”

谨顿了顿，继续说：“这个实验就是现在流行的赏识教育的理论基础。家长们相信孩子，孩子就会按家长的期望去发展。这种期望，是一种信任，一种鼓励，一种爱，就如在孩子心里点燃了一盏盏闪亮的明灯，促使他们不断前进，不断攀登。”

“那不是很简单了吗？我一直给他心理暗示，他就会变强吗？”有妈妈提问。

“当然，但期望也是有讲究的。”谨更正道，“首先，要实事求是，不是越夸大越好。期望要适合孩子的基础和发展，而不要成为负担。给孩子提出不切实际的期望，孩子做不到，反而会给孩子增加精神负担，成为孩子的焦虑。其次，期望要是正面的价值观教育。孩子能成为什么样的人，在于他的品格魅力和能力。比如，他要是个乐于助人、勇敢、善良、正直的人。”

想让孩子觉得学习是件有成就感的事情，可以合理运用赏识教育。

“老师，我想问一下，到底什么时候教孩子学习技能好呢？”一位妈妈问。

“我建议在8岁后，因为那个时候，孩子已经注意到了技能的作用，开始对技巧有胜任感，这时候，可以让孩子学习一些技巧性的课程。比如篮球、足球、画画、乐器等。”

“老师，一定要8岁吗？”

“这个也要因人而异，按儿童发展心理学来看，8岁是一个普遍规律，但是如果有的孩子有天赋又喜欢，早一些也没有关系。”

8岁可以让孩子学习一些技能。（具体因人而异）

“老师，我想请问一下，孩子做作业老磨蹭是不是对学习没兴趣呢？”又一位妈妈问。

“这是一个小学低年级的普遍问题。做作业磨蹭确实不是好现象，首先确实要提高孩子对学习的兴趣，同时，要教会孩子如何自我管理时间。”

“具体要怎么做呢？”

“让孩子列作业时间表。从放学回来，到作业完成需要花多少时间。小学低年级作业不多，半小时到一个小时可以完成。所以，放学回来首先让孩子休息半小时，然后再做作业，每科作业做完可以休息5～10分钟。作业做完了，还要适时安排复习当天学习内容和预习第二天的课。”

“哦，那我回去就照着办。”这位妈妈忙不迭地说。

“等等，还没说到关键呢。”谨提醒这位妈妈。

“关键是什么呢？关键是父母在这个过程中扮演什么角色。”谨回答，“还记得民主权威型父母是如何做的吗？”

“哦。”有妈妈开始点头了。

“在列时间表的这个过程中，孩子是主角，父母只是配角。孩子自己制订的时间表，孩子自己倾向于遵守。但是孩子列完后，需要跟父母商量一下，不合理的地方，父母可以和孩子讨论来修改。制订完时间表，就按照执行。如果执行得好，父母需要鼓励。”谨顿了顿接着说，“还需要注意的是，不要做完了作业，又布置一大堆作业，这样孩子容易厌烦。”

作业磨蹭的纠正方法：

·培养孩子的学习兴趣；

·制订作业时间表(自我管理能力，父母只是辅助)；

·注意鼓励和给孩子玩的时间。

上午的学习结束了，谨留给大家两份案例。

我接到了案例卷，借着谨被几位妈妈围着咨询的空当，迫不及待地读起来。

案例一：为什么我不再那样要求孩子了？

小青十多年前考上了美国一家排名前10位的大学，毕业后她在一个世界顶级的IT公司里工作，被很多人羡慕。但是她却不以为然，而且对自己孩子的培养态度是："我不培养，她能上哪儿就上哪儿。"

原来小青通过反思自己的成长过程，认为中国教育文化中对孩子的培养有误区。

在许多中国父母眼里，教育的目的就是培养孩子上大学，没有把教育看成是一件为孩子的一生打基础的事儿，光以为把孩子送进了名牌大学父母就大功告成了。为了达到这个目的，家长的注意力都集中在孩子的学习成绩上，还有和进名校相关的活动中，而子女教育的其他重要方面，很多不能被量化的方面被忽视了。比如，孩子的自我认同感、自信心、冒险精神、不畏失败百折不挠的精神和勇气、享受生活的能力等，这些都是小青和同学相比之后感觉自己所缺乏的。人的一生更像马拉松比赛，一个人若想取得成功，性格的培养非常重要，超过了上名校。事业都是在大学以后建立的，名校的招牌在刚毕业的头一两年找工作时还有点用处，后来很快就会被工作经历所取代。

因为父母在小青很小的时候就看重她的学习成绩，所以，她也把取得好成绩看得极重，不想看到父母失望不满的眼神。每次考试她都特别紧张，特别怕出错，这种情形后来就发展成了谨小慎微的性格，做事求完美而缺乏冒险精神，没有安全感，就怕把事情搞砸了，有时明知搞砸了也没有多大关系，可是自己心理上就是接受不了。为此，她放弃了当时还是一家小公司的谷歌公司，求稳的心态让她最终选择了另外一家已闯出名堂的大公司。她的一位同在硅谷工作的美国同学当时极力劝她选择谷歌，说如果以后这家公司不行了就再找工作好了，实在不行她还可以回学校读个硕士，有什么好怕的？可她就是没敢冒这个险。

他们的家庭收入在工薪阶层里也算挺高的，但是她有了钱自己也不会花，搞点娱乐活动心里隐隐地就会有罪恶感，觉得只有工作才是正经事，其他的都是浪费时间。这就是小时候形成的只有学习才是正经事的观念的后遗症。她没有什么兴趣爱好，作为一个人，她觉得自己的生活太单薄了、太谨小慎微了、太没有色彩了，她绝对不要自己的孩子像自己一样。

她说她就想让孩子尽情地玩，孩子将来有兴趣有能力上名校就上，没有兴趣就不上，重要的是孩子要快乐、身心健康，对自己有自信，对生活有热情，将来他们自己想干什么就干什么去。

读完这一篇主人公的心路历程，真让人唏嘘不已。因为已经是多次转载，并不能知道主人公是谁，但让我想起了埃里克森的人格发展理论。在提到小学阶段培养勤奋的美德时，曾经提过人们不能把学习和工作当作生活的全部。

案例二：华裔诺贝尔奖得主丁肇中的感言。

丁肇中小时候在重庆长大，经常有日本飞机轰炸，所以没有太多的时间读书。当时他对念书也特别没有兴趣，排名次他一般都是倒数第几名。可是他的母亲是学儿童心理学的，从来没有责备过他。

丁肇中说："至少我的父母让我自由发展，这对我很重要。仔细分析一下，考试是考人家已经做过的事情，科学进展是要推翻人家做过的事情，会考试并不能代表以后会有特别的成就。我没有考第一的童年，但做科学研究我不知道第二名是什么感觉。"

（节选自《儿童发展概论》，秦金亮主编）

两种不同的父母对待孩子学习成绩的态度，却给予了孩子不一样的未来。我深思着，翻开笔记本，写下了感想：

每个孩子都是独一无二的，你可以陪伴他们成长，观察他们，在他们需要引导和支持的时候做一些力所能及的帮助。但是你只是外因，真正的发展在于他们自身。学习也一样。要相信自己的孩子，在你眼中，他们是有潜力的，需要父母的肯定和帮助，仅此而已。不要把你对未来的焦虑以及对你自身未能实现的愿望强加到孩子身上，这必定会给孩子的心灵带来伤害，即便他努力达到你的要求，做到了最好，那也不是他自己，他也不会快乐。

第十二课
学习有什么好方法

下午的主题是“学习有什么好方法”，这个题目很吸引妈妈们。

“学习应该是有方法的，我们总死记硬背不行，但是有什么好方法，可以帮助我们掌握所学的呢？同学们有没有什么好的建议？”

“记笔记。”

“互相考。”

“记单个的关键字。”

“反复练习。”

“把知识点间的关系用网络图表现出来。”

“很好。”谨听完认真地点点头，大家不愧都经历过大大小小的考试，学习方法真多。

“不过听起来，还都是些记忆的方法。今天我们不谈这些应对考试的记忆方法了。我们来谈谈探究式学习与发现式学习。大家熟悉这两种学习方法吗？”

“探究式学习？”

“发现式学习？”

“太专业了吧……”

"第一次听说呢……"

谨打开投影，开始讲解"发现式学习"与"探究式学习"。

"发现式学习主张孩子们独立学习、独立思考，自己发现总结出概念、规则、规律等的学习方法。

"现代美国著名的心理学家、教育学家杰罗姆·布鲁纳（Jerome Sey-mourBruner,1915— ）提出：对认知过程进行过大量研究，提出希望让孩子独立思考，提出假设，进行验证，自己发现要学习的概念、规则等知识。建议教育者多多给孩子提供材料，让孩子亲自去分析、综合发现应得的结论式规律，成为规律的发现者。这样能更好地发掘智慧的潜力，调动孩子思维的积极性，激发孩子发现的兴奋感、自信心和学习的兴趣，有助于保持记忆。最重要的，是让每个孩子最终能形成一种探究新情境的态度和掌握发现式学习的方法。

"美国另一位心理学家、学者、纽约州大学研究院的教育心理学教授奥苏伯尔则认为：发现学习和接受学习的根本区别在于孩子在将新旧知识相联系之前，是否有一个发现过程。如果教育者不是以定论的形式给孩子，而是由孩子自己先从事某些心理活动，发现学习内容，然后将这些内容与已有知识相联系。"

"原来发现式学习指的是，给孩子材料，让孩子和旧有的知识相联系，自己通过分析去总结出知识点。不是让教育者告诉孩子们知识点是什么，然后举例子给孩子说明。这样，孩子就是通过自己的能力分析总结出来的。"

发现式学习：

我们可以给孩子材料，让孩子通过自己的思考去分析、总结其中的规律。孩子们可以探索、研究、讨论、争论、辩论……这样可以培养孩子学习的积极性、主动性和发展他们的各种能力。

“探究式学习认为:知识的获得和运用应该是合二为一的。‘做中学’‘通过解决问题来学习’。

“美国现代著名的哲学家、心理学家、教育家,也是我国著名的陶行知先生和胡适先生的老师——杜威先生提出:给孩子提出一个问题或者让孩子学习自己发现问题,然后由孩子主动地分析与解决问题,以此来学习与所探究的问题有关的知识,形成解决问题的技能以及自主学习的能力,并通过这些活动形成自己的知识与理解。教育方法上通常包括6个步骤:创设一定的情境、给孩子提供足以产生问题的资料、孩子产生问题和假设、设想出解决问题的方法、亲自动手做、验证假设。

“杜威认为:在传统教育里,学校的重心在儿童之外,比如教师和教科书。传统教学的计划实质上是把成人的标准、教材和方法强加给儿童。由于成人与儿童的差距大,所规定的教材、学习和行动的方法,对于儿童的现有能力来说,都是没有关联的,所以这些知识只能灌输给儿童。于是,儿童只能受到‘训练’‘指导和控制’以及‘残暴的专制压制’。

“因此,杜威是在批判旧教育的过程中提出‘儿童中心主义’思想:以活动性的、经验性的活动课程来取代传统的书本式教材。‘做中学’的教学原则,强调从儿童的现实生活出发,利用儿童游戏的本能,让他们在活动中学习知识。”

“原来探究式学习是指给孩子提出现实生活中的问题,然后让孩子去解决问题。”

探究式学习：

我们可以给孩子提出生活中的实际问题或者让孩子自己找出问题，教会孩子运用寻找资料、提出假设、收集数据、论证、解释等这样的过程去解决问题。

“大家猜猜探究式和发现式学习方法是什么时候产生的？”

“近代？”

“应该是最近100年吧。”

“那也不一定，可能是古代呢。”

“是的，它们早在千年前，就为古时圣贤教育孩子的办法。在近现代，许多教育家和心理学家对这两种方法有了发展。”谨说完给大家分发了资料。

缔造者一：苏格拉底

苏格拉底（前469—前399），古希腊著名的思想家，为发现式学习和探究式学习奠定了基础。他在创立一种问答式的教学方法，被称为“产婆术”：让学生获得一个概念知识的时候，不是把这种概念直接告诉学生，而是先向学生发问，让学生回答，如果学生答错了，并不给予纠正，而是提出另外的问题引导学生思考，从而一步一步得出正确的结论。

缔造者二:孔子

圣人孔子(前551—前479),作为中国古代著名的教育家,在其教学思想中提出了“不愤不启,不悱不发”的启发诱导原则。孔子主张:教师传授知识时要把握时机,要等学生努力想明白但又得不到答案的时候才去开导他;要等到学生心里明白却不能完善表达出来的时候才去启发他。只有在这个时候去启发学生,才能调动起学生学习的积极主动性。

我读着资料暗自惊叹古人的智慧。

“现在,我们先来看一个探究式学习的例子。北京一所中学的特级教师王能智,是教地理的。这位老师在他的教学中使用的是探究式学习的教育方法,因此他教的孩子思维活跃、能分析与解决问题。在他的班上,地理学科的学习进度非常令人惊讶,一学期的课,半学期就学完了,而且孩子的成绩都很好。他是怎么做到的呢?”

有一次,王老师提出了一个问题:石景山到底是山还是丘?

王老师认为,石景山应该是一座孤丘。

可是,有一位名叫李丽的孩子认为不对。

于是李丽和另外4名同学准备去测量石景山的度。如果这座山的绝对高度大于500米,那么这座山在地貌上就不能被判作丘。

孩子们终于不用被书本困在教室里,飞也似的飞向大自然。

初一的孩子毕竟知识有限,要怎么测量石景山的高度,学习了很多方法。最后学会了使用经纬仪,终于测量出石景山的高度超过了500米。

“老师,您错了。石景山是山,不是丘。”

王老师高兴地笑了，自己错了不要紧，孩子们对了就好，关键是他们有多快乐。

孩子们还带回了一个问题："我们爬到了山顶，发现山顶上有一口井，用50米的皮尺沿着石缝去量，到不了底。从岩层上看，那是岩石构成的山，在岩石上怎么能凿出那么深的井？"

王老师和孩子们一同上去看了，真有那么一口井。同学们还发现，边上有一些石碑，同学们决定拍了照拿去给文物部门鉴定，最后鉴定井和石碑都是明代的。

孩子们还有一个问题："井到底有多深？"这可怎么测？

王老师告诉孩子们：可以测。用物体自由落体的回声去计算。

"可是，老师，这是几年级的物理知识呢？"

"高一的。"王老师回答。

"那我们怎么会呢？"孩子们面面相觑。

"去问高一的物理教育者啊。"王老师指导孩子们。

"我们能行吗？"孩子们有些不自信。

"试试。"王老师鼓励大家。

最终，孩子们学会了，并且测得井的深度为146米。

一篇《石景山的古井》在报纸上登出了，人民广播电台也播出了，孩子们的心里甭提有多高兴了。

（节选自《中国新教育风暴》，王宏甲著）

"我们来看看王老师在这件事情上的做法。一开始，王老师提出了一个问题，交给孩子，让孩子们自己去寻找答案。孩子们在寻找答案的过程中发现新的问题。王老师指导孩子们方法，鼓励孩子们继续探索，最后孩子们学习到了书本上学习不到的知识，也锻炼了能力。

“关键是，孩子们在这样的学习中非常快乐。那些被学校认为破坏性的孩子，都能在这样的学习活动中自发地琢磨。孩子们通过自己的努力获得成功的体验，就能萌发出自信心。”

“自己动手动脑，经过查询资料、通过实践活动获得的知识，大脑的认知记忆效率，远胜于死记硬背。”我暗暗赞叹这位老师的功夫。

“因此，这就是我们要教给孩子的发现式学习和探究式学习的方法。”

“老师，我经常看朋友们转载一些日志或是博客，讲到美国教育，好像也有这样的方法。”

“我也看过一篇类似的家长分享，说自己的孩子到美国去上学以后，学校老师每次布置的家庭作业都是一个特别大的主题，孩子为完成这个题目，要到图书馆里查资料，然后整理打印……结果小孩小学毕业的时候，已经能够熟练地在图书馆里利用计算机和缩微胶片系统查找他所需要的各种文字和图像资料了，做出来的作业都是二十多页的小册子，而且还要分好几个章节，还在文章最后列出了参考书目。颇有国内研究生做毕业论文的气势。”

“国外的教育是和我们不一样啊，所以有人说：‘为什么中国孩子考试考得那么好，但是出不了诺贝尔奖。中国的留学生考试拿奖学金可以，可是一到实践领域，搞点研究性题目，中国孩子就没有美国孩子那么富有创造性了。’”

“这就是两种不同的基础教育体系所造成的。中国的小学教育就是把孩子划定在死死的框框里，不敢越雷池半步，这样孩子太习惯于在一个划定的框子里去施展拳脚了，一旦失去了常规的参照，孩子就不知道该怎么办了。”

妈妈们讨论得非常热烈。

“老师，我理解这两种教育方法能提高孩子学习的主动性，能够培养创造力和发现问题、分析问题和解决问题的能力，但这说的不都是老师和孩子的事吗？我们能做些什么呢？”

“是啊，老师，既然这种方法这么好，为什么现在的学校不加以运用呢？”

有妈妈提问。

“这两个问题提得非常好。”谨点着头，收起笑容。

“正如奥苏伯尔所说的，在学校环境下，发现式学习往往很费时间，一般不宜用作大量获取知识的主要手段。而在我们中国，一个小学学校的教室里，可能有超过30人的孩子，运用发现式学习或是探究式学习不能来完成教学任务，而且，老师也无法顾及所有的孩子。所以灌输式的、接受式的（我们戏称为‘填鸭式的’）教学方法在一种程度上比较适用于学校教育。

“因此，这更需要在家庭教育中，有意识地运用探究式和发现式教育方法来培养孩子探索新鲜事物的好奇心和兴趣，鼓励孩子探索答案，勇于尝试解决问题的方法，通过试误的方法来获得最终答案，这样同时还能锻炼孩子的挫折容忍力，何乐而不为呢？”

“那我们该如何做呢？”一位妈妈问，“您能给我们多举范例吗？尤其是孩子小的时候。”

“好，我们再看一位5岁孩子妈妈的分享。”

“妈妈，我想做个冰雕。”“好啊，那么要怎么做呢？”我捏着孩子的手说。"我想,拿这个酸奶剩下的盒子里装满水,放到冰箱里不就行了吗?""哦。"我想了想,是个不错的方法,可是这不能算是完全意义上的冰雕啊。不过我没有提什么意见,对于一个只有5岁的孩子来说,这个想法也算不错的了。

过了两天,孩子又提出了想法:"妈妈,我想做个有字的冰雕。""啊,这可能有点难度啊。"我想到要在冰上刻字,还要有颜色才好看吧。我突然想到一个可乐的广告,好像是黄晓明拍的,大意是,做了个冰雕,最终把可乐灌进去,可乐顺着冰雕的线路显示出一个字来,最后这个创意得了大奖。这个广告创意不错,因此记忆犹新。该不会要做成那样的吧?

"那要怎么做呢?"我边想边问。"这个,我想好了。"小家伙胸有成竹,"拿一个盒子装满水,然后从报纸上剪下一个字来,放进水里,然后再放进冰箱,不就行了吗?"小家伙歪着脑袋,摊着双手,还一副吹牛的样子,貌似对我无意间透出的苦苦思索的表情表示不屑。我有些无语,但是我确实没有想到这个方法。"那么,试试吧。"

这是我第一次做冰雕,而且都是跟着孩子学的。冰雕是什么样子的,并不重要。只是孩子按照自己的方法解决了问题,达到了目的。而我自己,却很汗颜,在自己以往的经历和知识线索中找啊找啊,却也未能想出这样简便易行的方法来。

每每孩子有想法的时候,我总是尽可能地满足他,提供给他支持,给予他创造及实验的机会,并且提供一切工具供其实验。

写到这里,孩子拿出一个梳子给我,说刚才玩的时候,发现梳子能把小碎纸张吸起来。"那一定是静电的作用吧。"我若有所思地小声嘀咕了一句。"哦,妈妈,我知道静电是由摩擦产生的。"孩子洪亮的回答令我目瞪口呆。不管怎么样,我想,他大约是完成了发现式学习中新发现的知识与旧有知识的联系了吧。

“再给大家看一个6岁孩子家长的手记,她也学习教育学和心理学。我们看看她对这种学习方法的应用。”

儿子6岁了，我开始给他阅读科学方面的图书，带他参观天文、自然、航空、气象等方方面面的博物馆。

这一天,孩子从幼儿园回来,陪我们坐在饭桌旁吃晚餐,电视里正在播报新闻,讲述美国飓风的新闻。

儿子听着听着,忽然问:“妈妈,要是龙卷风来了,我们要怎么办?”

我从来没有思考过这个问题,一时语塞。要不,问度娘吧?可是回头看见孩子听着新闻播报明显流露出的害怕,我立即想到首先要阻止他的这个害怕的想法,于是我马上说:“孩子,飓风的产生是需要条件的,它是在海平面上才能产生的,而且到了陆地上,由于房子很多,所以,它就不会那么厉害了,马上就会降为热带风暴。北京这里没有海,房子又高,所以不可能有飓风。美国海岸线长,而且房子矮,才会有飓风。”

“扑哧。”我听到耳边传来笑声,回头一看,孩子的爸爸忍不住笑了起来。

“这是什么理论?房子挡住了飓风?”孩子爸爸问。

我突然觉得这个答案是我自己想的,于是,我老实地向孩子承认了错误:“对不起,这是妈妈自己的逻辑,妈妈没有看到任何这方面的知识,更没有亲自做过这方面的调查研究,所以,妈妈说的可能是错的。”

“要不,我们这周去图书馆查资料吧,把有关飓风的问题查清楚。”脑海里闪过一丝念头后,我立即提议。

“好。”这个提议得到父子俩的赞同。

于是这个周末，我们去了图书馆，一同查了资料。

最后我们做了一本关于飓风的小知识册，里面的问题有：飓风是在什么条件下产生的？飓风有什么特点？会有什么变化？我们遇到了飓风该怎么办？在每个问题的下面，满满地贴着我们从图书馆的资料上复印下来的答案。

今天没有记多少笔记，却让我学到了两种学习的好方法。

探究式学习与发现式学习是以孩子自我学习为中心，鼓励孩子探索，鼓励孩子发现。家长可以陪伴孩子，也可以指导孩子。这样的学习方法，不但能培养孩子发现问题、分析问题和解决问题的能力，也能培养孩子的创造性，最重要的，可以培养孩子的学习兴趣和自主学习的能力。

第十三课
如何进行早期教育

今天上午的主题是关于早期教育。

“今天我们先来讲——是否要进行早期教育？怎样科学地进行早期教育？”

“孩子需要早教吗？答案是肯定的。”谨认真地看着大家，“千万不要认为把孩子丢在那里，孩子都能自己长大。或者是，孩子那么小，懂什么。这些观念已经过时了。”

谨接下来说：“脑神经科学发现，儿童脑内神经突触生长呈倒U形趋势。出生时，孩子细胞之间的突触数量只有成人的十分之一。随着丰富多彩的早期体验和经历，孩子脑内的突触连接会不断增加。到2~3岁时，突触比出生时增加约20倍。3岁时，突触的连接是成人的2倍。这也意味着此时孩子大脑的代谢率最高，学习能力和智能发展最快，远远超过了成人。随后，过多的突触连接会降低大脑处理信息的速度，不用的细小连接在孩子21个月时开始废退，只有那些有经验输入的区域，也就是使用过的突触才能存活下来。也就是说，孩子所接受的外部刺激越丰富，脑细胞之间留下的突触数量就会越多。”

2～3岁是孩子神经突触发展的最高峰，而后缓慢下降至成人水平。丰富的刺激使得神经突触发展并存活下来，没有使用过的突触会死亡。

因此，要鼓励孩子的探索行为，并给予孩子丰富的刺激，为孩子的大脑发育提供可能。

“再比如婴儿的视觉神经，在4～12个月是生长的顶峰，达到成人的150%，在2～4岁时降到成人的水平。而负责记忆、判断、分析、思考、操作的大脑前额叶在1岁以后开始出现发育高峰，6岁以后发展才会趋缓。”谨继续从其他方面说明大脑在6岁以前的发育情况。

“人的大脑的重量数据也证实了人脑发育的重要阶段在于8岁前：人的大脑平均重量大约是1400克，新生儿的大脑从胚胎时就开始发育，出生时重量大约是350克，是成人脑重的25%左右。此后第一年脑重的增长速度最快，第一年年末达到了50%。2.5～3岁时增长到900克，相当于成人脑重的75%。到5岁时，达到90%。此后，脑重量增加速度变慢，但脑细胞的结构和功能却不断地向着复杂化的方向发展。这些发展变化在一定程度上反映了大脑的发育和成熟状况。研究表明，婴儿脑重的增加并不是神经细胞大量增加，而主要在于神经细胞结构的复杂化和神经纤维的延伸。”

孩子大脑各部分发育高峰都在6岁前，8岁就基本完成了大脑的发育。

“不仅是脑科学上有证据证明这一观点，心理学上也有研究发现证明这一观点。”

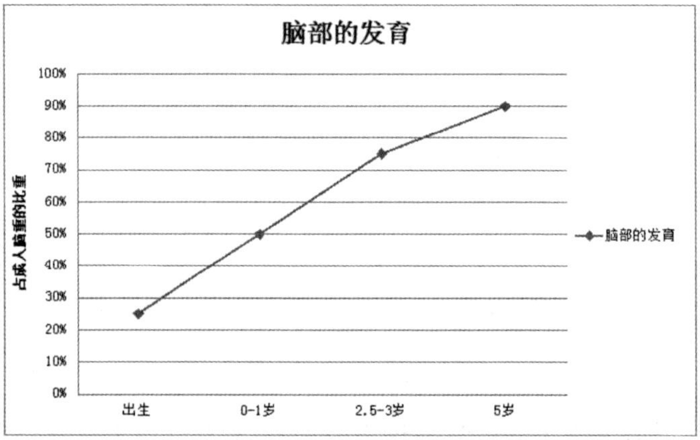

谨简单介绍了美国当代著名心理学家、教育家、芝加哥大学教育系教育学教授本杰明·布鲁姆（Benjamin Bloom，1913—1999）的研究发现：“美国心理学家布鲁姆根据近千人从幼儿期一直到少年期的跟踪研究提出：1～4岁是智力发展最迅速的时期。如果把17岁达到的智力水平作为100%，那么从0～4岁发展了50%，4～8岁又发展了30%，8～17岁再发展20%。换句话说，在人生最初4年中，智力的发展等于随后13年的发展。”

谨顿了顿，继续说：“教育心理学上的研究也表明，那些重视早期教育的家庭，由于保证了孩子环境刺激的质量，使得孩子受到良好的启蒙教育，孩子获得了更丰富的知识经验。培养了学习的好奇心，增强了孩子的见识，也最终使孩子获得了洞察力、意志力，培养了兴趣，并最终有助于孩子创造力的培养。”

布鲁姆的研究证实0～4岁是智力发展的高峰期，而重视早期教育的家庭，有助于孩子创造力的培养。

“老师，那该怎么进行早教呢？要去早教机构学习吗？”一位妈妈问。

“确实有一些不错的早教机构，提供专业的教学条件和玩具，开发出适合孩子年龄和大脑发育的课程，这些确实对丰富孩子的神经元和突触的发展有帮助。但是请大家擦亮眼睛选择。”

“老师，我们知道了，我们会根据皮亚杰的理论来慎重选择的。”一位妈妈认真地说。

谨点点头，接着说：“知识是需要一个内化的过程，其目的在于探索宇宙、发现生活和分析解决生活中的问题，以最终完成对自我的塑造。因此，学习的目标绝不是大脑里储存了多少机械记忆。因此，在孩子早期智力教育的问题上，家长要能掌握和明白运用什么样的正确方法，既能让孩子为未来的智力发展打下良好的基础，又能给孩子一个有意义的玩乐童年。这是我们家长要做的。同时我们一直所提倡的，没有走入另一个极端——完全不学，智力学习也是一件快乐的事情，只要尊重孩子的发展规律并且掌握好良好的教学方法。”

“早教机构的选择是题外话了。”谨转入了下一个正题，“我们还要讲讲家长要如何做好孩子的早期教育。”

“在心理学上，认为学习和记忆分为有意识和无意识两种。我们大人的记忆叫有意识记忆。我们一般是有目的地去记忆，如果记不住，还要经过一定的努力，想一些办法，运用一些策略来记忆。

“可我们的孩子不一样，他们没有记忆的任务，但是他们有记忆吗？

“是的，他们有记忆。他们的记忆就来自于他们摸过、捏过的玩具，听过的风声、雨声、雷声、溪水声、海浪声，闻过的花香、看见的形状、尝过的味道、听妈妈讲过的故事……以及通过这些感官而体验过的情感。这些记忆在当时并没有任何意图,也没有考虑用什么方法去识记,但事后却能回忆和再认,这就是无意识记忆。

"无意识记忆是学前期儿童记忆的主导形式。但孩子并不能记住所有接触过的事物,他们只记得那些生活中具有重大意义的事件,引起了他们浓厚兴趣并激发他们情感的事物。而孩子也是通过周围的环境建立了他们的精神世界。"

"终于讲到无意识学习了。"我想起在唐萱来拜访谨的时候,谨提到过无意识学习。

"那在无意识学习中大人要提供的是什么呢?"有位妈妈问。

"听起来可以带孩子出去多看、多听、多接触……"有位妈妈回答。

"是的,早教的本质就是这个意思。别看孩子在婴幼儿时期什么也不做,只吃饭、睡觉和玩,可是孩子的发展却是惊人的。他们无意识地学习了身边的每一件事情,习惯、传统、父母的行为、自然,这一切都深深地印在他们的大脑里。"谨继续说,"我们再来看看狼孩的例子。1920年在印度加尔各答丛林中发现两个由狼哺育的女孩,大的8岁,小的一岁半,她们的言语、动作姿势、情绪反应明显像狼。虽然在大脑结构上,狼孩与同龄人没有多大差别,一个10岁狼孩的大脑重量和神经纤维发育也接近完成,只是因为狼孩长期脱离人类社会,大脑功能得不到开发,智力则相对低下……"

"是啊,这就可以解释了,为什么外国孩子在中国说中国话说得可地道了,原来是环境的作用。孩子是通过环境来进行的无意识学习。"一位妈妈说。

"很好。"谨对这位妈妈的反馈很满意。

“那么，我们该怎么做呢，老师？”

“在0~6岁这个阶段，教育的首要条件是向儿童提供环境，以保证他们自身的能力能够充分发展。”

“什么样的环境呢？”妈妈们的互动越来越积极，生怕谨错过了她们的问题。

“提供给孩子的环境应该具备以下几个原则条件：

1. 儿童的学习环境下不应该有很多障碍，环境中的障碍应该越少越好，最好全部消除。

2. 儿童生活环境中要有丰富的吸引人的东西，让儿童从这些引起兴趣的东西中吸取经验。

3. 儿童教育环境中应该要根据儿童的敏感期来设置。”

谨顿了顿，继续说：“第一个原则，家长不但要帮助孩子们探索，而且不能随意干涉孩子们的活动过程。在无意识阶段学习过程中的孩子是很弱小无力的，天赋的创造力也非常脆弱，他们很容易就会被大人随意地打断或破坏。

“比如，小朋友坐在地上盯着蜗牛看，家长过去一把把孩子抱起来，‘这么脏，坐地上’，还很有可能一个巴掌打在屁股上，叫孩子记着以后不能坐在地上。小朋友在家里玩玩具，玩得很专心，家长却一会儿喝水，一会儿吃点心地打扰。小朋友学习走路的阶段，一直想往前迈步，家长不愿意，紧紧地抱在手里，怕小朋友摔倒。”

我记得，在埃里克森的人格发展阶段中提到过这一点。

无意识学习期，家长向儿童心理发展提供帮助，而不是一个灌输语言和观点的过程。

“对于第二个原则,我们可以做些什么呢?

“我们可以从孩子出生时就根据孩子的各年龄段的心理发展特点、感知觉发育特点,给予孩子合适的玩具,带领孩子认识事物开阔眼界,从而来开发孩子的智力。

“比如,孩子0~1岁时,我们主要带孩子在室内及住所附近活动。在室内我们依据孩子年龄的增长,提供给对孩子智力、肢体活动能力有关的玩具,需要注意的是,玩具一定要安全、无毒,孩子可以咬着玩,玩具规格要比较大的,以免孩子误食或是放入鼻子或耳朵里。同时,我们可以让孩子看大幅画报,教孩子认识周围事物。我们还可以带孩子到亲戚家串门。

“孩子1~2岁时,活动能力大大增强,独立意识也大大增强,我们可以提供给孩子稍微精细些的玩具、可拆装的复杂玩具、积木等,多带孩子去户外活动,多带孩子到公园里的游乐场里玩,带孩子参与家庭事务和生活事务,带孩子旅游,亲近大自然,增长见识。平时孩子看到的事物,大人要讲解给孩子听。

“孩子2~3岁时,可以提供给孩子玩过家家所需要的玩具,比如厨房仿真玩具、医生仿真玩具、工程师器械等,拼图、拼插等复杂的玩具,教孩子学诗歌、唱歌、舞蹈、各种游戏,不但要带孩子亲近大自然、旅行,教导孩子培养良好的行为习惯,而且多让孩子和小朋友们接触玩耍。因为这个阶段,孩子自我意识刚刚萌芽,尚不能学会分享玩具,还会用打来表达情绪,且无是非观念,家长用温和制止和分散注意力等方法加以引导,不要大声呵斥。

“孩子在3~5岁时,进入各种自主探索期。家长应多观察孩子自身探索的意愿,在不涉及生命安全的前提下,提供工具并进行辅助。不要随意干涉孩子的探索行为,大人可以依据孩子的兴趣带孩子参观各种博物馆。当然,对大自然的亲近需要一直在生活中延续,因为这对于孩子的心理、感官能力、创造力等方面的健康发展有着重要意义。"

说完,谨取出一张表格,给大家看:"我整理了一份《关于0~3岁孩子的环境设置建议表》给大家,里面会比较详尽地说明。包括昨天我们提到的——如何依据孩子年龄给孩子选玩具。但是,我需要提醒大家的是,在孩子面前摆太多玩具并不好,孩子玩玩具的时候,面前摆两三样就可以了。像球这种玩具,可以变换着方法玩,也很好。买一个箱子装玩具,可以定期轮换着玩。"

妈妈们看到谨做了这么细致的工作,欣喜不已。

"而第三个原则是我们接下来要重点阐释的,'敏感期'!"

"敏感期,太好了。终于听到敏感期在学习中的运用了。"我记得上次提到了敏感期在人格发展中的作用,一直期待着了解敏感期在学习中的应用。

大家短暂地休息后,下午的讨论在一点钟开始。

"我们先说说什么是敏感期。这是来自于一位科学家的定义。这位科学家叫康拉德·劳伦兹,是一位生态学家。

"图中的鸭子跟在一个男人后面,而这个男人就是生态学家康拉德·劳伦兹。

"请大家想一想,为什么鸭子没有跟在母鸭的后面,而跟在了劳伦兹的后面?"

大家面面相觑,答不上来。

谨看大家没有回答,接着说:“康拉德·劳伦兹在研究鸟类的自然习性时发现,刚出生的幼禽,会在出生后很短的一段时间内追逐着自己的同类,若错过了这段时间,便很难再学会此类行为了。这种反应,无须强化,在某一个特定的时期很容易就形成,因此被称为‘印刻’。

“图中劳伦兹身后紧跟着一群鸭子,因为在它们的印刻期里,它们认识到的是劳伦兹而不是它们的妈妈,所以它们终日跟着劳伦兹,以为他就是它们的妈妈。

“关键期后来被发展心理学家所应用,认为放在人类身上更为合适,因此就有了敏感期的由来。敏感期被定义为某种特定能力或行为出现的最佳时期,在此期间,个体对环境影响特别敏感。”

“老师,敏感期也是由劳伦兹提出来的吗?”

“应该不是吧,老师不是说是被心理学家提出来的吗?”

“哦,哪位心理学家呢?”

“大家别着急,我们今天主要阐述的观点来自于目前作为全球学前教育最具影响力的幼儿教育专家、意大利的蒙特梭利女士。而她就是第一个将敏感期放入幼儿教育中并成为一个重要的教育理念依据的。她认为:幼儿如果在敏感期中学习,则会收到事半功倍的效果。如果错过了敏感期,那么未来学习起来或是纠正起来就要花费更大的心力。”

“蒙特梭利……”我轻轻重复着这个名字,白墙上的那幅画像又闯入了自己的脑海。

“既然敏感期这么重要,到底有哪些敏感期呢?”一位妈妈问。

“我列举了一些,大家可以看看。”谨放出投影:

0～3岁	感官经验
1～4岁	秩序
1.5～3岁	语言发展
1.5～4岁	肌肉协调与发展；细小物体的敏感期
4岁左右	图形认知
4～4.5岁	触觉
4.5～5.5岁	阅读
4～6岁	数学

“后来，又有许多早教专家添加了一些内容，比如社会关系、人际关系、画画手工敏感期等。”谨顿了顿，继续说，“所以，我个人认为敏感期行为可以分成3类：一是感官发展，包括口、手、空间运作等。二是人格方面的，包括精细物体、完美主义等。三是学习方面的，包括图形认知、逻辑、数学、阅读、拼音等。”

“好多啊！”妈妈们感慨。

“所以，建议大家买本专门介绍敏感期的书来看看。接下来，我要提醒大家的是，年龄在这里是个泛的概念，换句话说，你的孩子处在哪个敏感期，首先靠你的观察和判断，每个孩子的发展是不一样的。

“如果你的孩子近来对图形比较感兴趣，那么你就可以考虑给他接触一些几何图形方面的知识。

“如果你的孩子最近老喜欢在纸张上画画，那可能是到了画画的敏感期，找一个能发挥孩子想象力、观察力的专业老师来教孩子比较好，培养孩子对画画的欣赏能力也很好。事实上，绘画的欣赏能力要比画画能力重要得多，也难得多。

“在孩子语言的敏感期，大人要多和孩子说话，也可以培养孩子的第二外语，但不是背单词，而是提供和外教接触的机会，或者听原版的外语。

“在孩子阅读的敏感期，大人和孩子一起读书，不仅能培养孩子的阅读兴趣与习惯，而且可以教孩子认字，同时有助于形成良好的亲子关系。

“在孩子的数学敏感期，大人可以为孩子提供蒙式教具，里面有数学的数的认识、几何、加减乘除的教具，让孩子独立操作，从中学习。”

“老师，有更具体的案例吗？”

“好，我们一起来看一些案例。”谨说完打开了一个案例文档。

敏感期行为一：剪涂贴敏感期（3～4岁）

小冲三岁多的时候，突然对手工和美的事物充满了兴趣。

小冲先是对贴画有了明显的兴趣，对贴画爱不释手，把贴画撕下来，再贴到各处去。我给小冲买了各种各样的贴画，他把贴画贴在我们家的白墙上，白色瓷砖上，茶几上，说实话，我觉得这给家里简单的装修增添了许多色彩，我们家一下子就从单调严肃的白色与棕色变得五彩斑斓。这段时间，小冲持续时间最长，超过了大半年。

接下来一段时间，小冲突然就对公园里的画笔有了兴趣。每次去公园玩，他都要在涂色的那些地方待很长的一段时间，有时把陶瓷的各种玩偶涂上颜色，有时候把一幅画涂上颜色。我觉得小冲是到了对色彩敏感的时候了，于是我到婴幼儿专卖店给小冲买了一盒美国进口的植物颜料，而且容易清洗，一碰水就冲掉了。于是小冲在家里就可以大胆地去画、去涂色啦。

过了一段时间，小冲又对手工有了兴趣，他喜欢用剪刀。于是我给他买了许多手工制品和一把塑料剪刀。我们一起做手工，他也很享受那些通过剪刀、胶水、针线做成的立体物品，很有成就感。

敏感期行为二：逻辑思维（3～5岁）

“小米，你要多吃点青菜。”妈妈提醒小米再多吃点。

“为什么要多吃点菜？”小米不解地问妈妈。

“因为青菜会让身体更健康。”妈妈解释。

“为什么青菜会让身体健康？”小米又吃了一口饭，还是没有夹青菜。

“青菜里有人体需要的多种维生素。”妈妈开始绞尽脑汁。

“为什么青菜会有维生素？”小米居然挖到了这么深。

妈妈有些招架不住了，在记忆里搜索了许多，没有找到准确的答案，正想着去查什么资料。这时，小米却又突然一本正经地十分严肃地求知若渴地盯着妈妈，再问了一句：

“妈妈，什么是维生素？”……

敏感期行为三：数学（5岁左右）

“妈妈，我来考考你啊，三千三百五十七加上九千七百八十八等于多少？”建建已经持续考了妈妈好多天了，妈妈觉得很晕。

这时候，隔壁家的小女孩来串门，建建立即和小女孩对上了数学题：“我来问你，八万八千加上五十个亿，有多大你知道吗？”

“我不知道，那你知道吗？”小女孩问建建。

“可能有这幢房子那么大吧。”建建认真把双手画了一个大圈，大声地回答。

“我不会做这么大的数学题，我只会做100以内的。要不你问我100以内的吧。”小女孩贴着建建小声地建议。

“那好吧。”建建粗声粗气地喊，“我来考你，100加100等于多少？”……

妈妈发现建建进入了数学敏感期，但是对数的概念还不够清晰，于是开始引导建建。

妈妈用计算器来教建建数位的变化，用模仿买卖的关系来教建建做简单的算术，他们还用一个星期的时间，做了一把纸尺，一共1000厘米长。

敏感期行为四：识字与拼读（5岁左右）

小翔从1岁起就很爱读书，我也一直有在睡前给他读书的习惯。

后来，在他3岁后，我开始指着字一个个地读出来。

不知不觉，他到了5岁半时，一下子认识了好多字。当车在马路上行驶时，他就指着路边的牌子问我：“妈妈，这是左拐吗？”“妈妈，这是中关村吗？”……

兰兰是个拼读高手，5岁时，她就能自己拼出所有的拼音了。在家里，拼读字母是她最感兴趣的活动。她拼起字母来，十分投入，连吃饭都不愿意。很快，她就能拼出一句完整的话来。

于是，我给她买了拼音的书，交给她自己去拼读。她很快就能够看完整本书。

“敏感期真的很有意思啊，老师，我们该怎么做呢？”一位妈妈问。

“我们掌握几条原则性的方法就行了。

1.注意观察。注意观察孩子对什么开始有兴趣了，愿意经常反复地进行这个行为。

2.确定为敏感期行为。大人如有困惑，可阅读相关书籍，获取相关知识。

3.尊重孩子的探索欲望，给予鼓励与支持。尊重孩子，布置相关的环境，提供合适的工具，可从旁协助孩子，但不干预或强行制止。”

“老师，可是还有几项，您还没提到。”一位细心的妈妈想弄清楚究竟，“比如，秩序、细小物体……”

“能注意到这些非常好。但是因为这两天的主题是学习，也因时间关系，我们便不在这里提了，大家可以从关于敏感期的书中来得到更多的启示。”

早期教育中，家长需要做的是：观察、陪伴与支持引导，同时关注敏感期。

说到敏感期，我把上次人格的部分和今天学习的部分放在一起重新整合理解了一下，颇有感触：

其实敏感期的许多行为是孩子们的自发探索行为，源自于孩子向外部世界学习与探索的内在驱动力。

孩子刚刚到这个世界上来，这个世界对他来说是全新的、奇怪的、很有意思的，在他的眼里，他要想着去弄清楚这个世界是什么样子的，这个世界的秩序是什么样子的，因此，他需要调动各种感官，运用身体的各种能量去找答案。

可惜作为家长的我们已经记不起来3岁前自己的思想和行为了。如果能记得起来，也许成年后的我们看待孩子敏感期的行为就不会觉得又好气又好笑，反而会很鼓励和尊重孩子。而我们粗暴地干涉和镇压可能会伤害到孩子，不但束缚了他自发探索的内在学习动力，也影响了亲子关系。

拓展阅读:0～3岁儿童环境布置建议表

年龄	发育特点	环境布置与智力训练	备注
新生儿	半个月后,视觉开始发育	色彩明快的图案;床铃;听柔和的音乐	拒绝电视;柔和光线保护孩子视力
1个月	对光、色、声音有反应;做出无意识的笑;动作发育活跃	妈妈与孩子多接触,可用彩色气球、床铃逗笑孩子	变换悬挂物
2个月	感觉系统继续发展,眼睛可追视物体,触摸抓握玩具,对鲜艳色彩感兴趣	多与孩子说话,爱抚孩子,拿玩具或摇铃给孩子抓握	变换悬挂物
3个月	能去抓自己想要的东西,视线范围扩大到180度;可扶坐;趴卧时可用前臂支撑起前半身;会玩手;扶站时会抬腿迈步;会笑,开始发出学语声;对红、黄色特别敏感,反应很快	健身器等玩具,使得婴儿伸手去抓时,可以让玩具被碰得来回摆动;可以在孩子面前放一些玩具逗孩子伸手去抓,以锻炼身体;多与孩子说话;让孩子触摸不同质地、不同形状的玩具	对妈妈格外偏爱;扶坐在妈妈怀中时,时间不能太长;可做被动健身操
4个月	会与人交流,喜欢和别人一起玩耍;会拍打眼前的玩具,识别熟悉的人事,会伸手找妈妈抱;抱时,头能直立;俯卧时头能和肩成直角;扶立时两腿能支撑身体	带音乐会动的电动玩具,摇铃;和孩子逗玩说话;播放柔美音乐;训练翻身	变换室内布置及玩具;手眼还不协调,看到不一定能拿到
5个月	能自如地翻身;能直立;会不厌其烦地重复同一个动作;躲避陌生人	双手各握一个玩具;和孩子玩捉迷藏;喜欢看电视、看镜子;带着孩子认识周围的事物,可讲解、可触摸;给看画报;教孩子模仿发音	以孩子兴趣为引导地教导周围事物
6个月	扶立时跳跃;把玩具塞入自己口中;能独自坐;会表达生气和不满;会用手示意想到哪里去;喜欢啃咬玩具	传递积木,能将左手的积木传递到右手,再用左手接积木;用手撕纸;用手顶住孩子脚掌训练爬	不能给小的、有毒、不卫生、毛制的玩具,防孩子啃咬过程中出现危险;一次不要给太多玩具,可常换

（续表）

年龄	发育特点	环境布置与智力训练	备注
7个月（进入语言敏感期）	动作具有意向性，会任意地玩玩具；会把脚放到自己嘴里啃；不用扶能独自坐几分钟；能发出单音节词；洗澡时会想办法溅出水花；能找出当面藏起来的玩具；会发“爸爸”“妈妈”的音	步入学习语言的敏感期，家长朗读图书、念儿歌，引导孩子看说话时的口型和面部表情；在孩子面前放玩具，训练孩子爬；把孩子放在有围栏的床上让孩子随意玩；听优美的音乐	培养大小便盆使用；训练一些行为习惯
8个月	能从立位坐下再躺下；俯卧时能用手和膝盖挺起身来；会拍手；会用手挑选自己喜欢的玩具；常咬玩具；独自吃饼干；能模仿大人发单音节，会发“妈妈”的音；会爬行；会寻找丢失的玩具；怕与熟人分开，害怕陌生人	可用多彩玩具和孩子感兴趣的东西逗小孩子，将动作或玩具与语言联系教孩子	吮吸手指的习惯可用转移记忆力的方法改正；可以送到条件好的早教中心进行身体运动和空间探索
9个月	身体运动能力大大增强：躺、坐、立能自如转换；能扶着东西行走；会拍娃娃、抱娃娃；双手敲积木；会用瓶盖去盖盖子；将一块积木搭在另一块上；会答应别人的叫喊；能理解大人的命令	提供能分拆及组合的玩具；提供玩具逗孩子爬行捕捉；把玩具藏起来让孩子找；训练手眼协调能力，比如把小棍插进小孔里再拔出，把玩具倒入小桶里再倒出等；联系生活中的动作及事物教会孩子语言	玩具要足够大，以避免塞入口鼻耳中
10个月	稳坐、稳站；能拿起很小的东西；模仿大人说话；理解大人的表达；把玩具放入另一个玩具中	让孩子模仿自己的口唇发音；选购可以推着或拉着走的玩具以增加孩子走路的兴趣；可以看实物图片；模仿大人动作	训练拿小米花等小东西时必须有大人看护，以免发生危险
11个月（进入阅读的敏感期）	身体灵活性大大增强；能用手拿捏细小物件；能从杯子里拿东西再放回去；会模仿擦鼻涕、梳头、开盖等动作；用杯子喝水；学动物叫；会说“不”	学翻书，讲图书；玩搭积木、滚皮球；用棍子够玩具；听音乐跳摇摆舞；玩物体垒高，小球从高处落入最低处	

（续表）

年龄	发育特点	环境布置与智力训练	备注
1岁（独立性的敏感期）	独立意识增强，愿意自己动手做事；语言能力大大增强，会说有关动作的词；会用点头或摇头来表达自己的意思；完成大人的指令，希望得到表扬	让孩子跟随家长见识生活中的行为、事物，了解周围环境，让孩子参与家庭生活；培养独立生活能力；学习数字	家长要对生活中错误的行为告之孩子并加以指正
1岁3个月	活动范围增大，独立性继续增强；喜欢探索周围环境	桶、铲子等玩沙玩具；把图形嵌入相应的形状里；和小朋友们玩；和家长做游戏	如果要孩子停止某种行为，不能呵斥，而是转移注意力
1岁半	已经懂事；能从图片里认出车、花等事务，并叫出名称；能够说短名；喜欢有规律的生活，不喜欢变化	认识图片事务；学习儿歌、唐诗	多鼓励；家长间教育保持一致；运用交换或转移注意力的办法让孩子接受意见
2岁	能进行跑、跳、踢球等大运动的游戏；很熟练地喝水；认识了许多事物，能说一段话；自我意识很强，不愿与人分享	养成良好的行为习惯，可以买一些有关行为习惯的书来看；力所能及的生活自理；到公园里玩、旅游，增长孩子的见识；看合适的动画片；学画各种图形	自我意识增强，会打人、不愿分享，过了这个阶段自然会好
2岁3个月	自我意识继续增强，喜欢探索周围事物	大动作运动；玩穿珠游戏；配对游戏；生活自理能力训练；户外活动、旅行；可以玩拼插积木	
2岁半	具有想象力，会玩过家家；会折纸	足尖走路；平衡木训练；玩滑梯；看图说话；按大小顺序套娃；学习家务和文明用语；会擦屁股；学习三轮车；提供厨房仿真玩具；玩医生仿真工具	

——主要整理自《婴幼儿科学喂养》，张春改、吴家懿编著，中国人口出版社

第四章

经营和谐的家庭关系

第十四课
家“和”先于教育

经过3个阶段的学习，我已经了解了教养方式、人格培养的关键期和孩子学习的培养方法。我感觉自己好像已经基本掌握了怎么带孩子了。

又是一个秋高气爽的日子，我换上了秋装，穿上了宽大的背带裤，穿上孕妇装就真有孕妇的感觉了，走路也缓慢了好多。

快走到谨的小院时，我看见一位短发女子神情黯然地迎面走来，匆匆擦肩而过，十分眼熟。“是谁呢？”我使劲地想了想，“对啊，是沈小冬。”

谨一个人坐在院子里的树下喝茶。看到我，她示意我坐下，拿出准备好的山泉水，给我倒上。

“老师，我看到沈小冬了。”

“是的，她刚从我这儿走。”

“她怎么了？看起来，好像有什么事？”此话一出，我忽然想起，上次沈小冬来的时候，谨曾经十分担忧地说：小冬可能会再来。

“难道老师早就看出了有什么不对？”我问谨。

谨把新煮好的水灌入玻璃茶壶中，茶壶中色彩鲜艳，最引人注目的显然是紫红色的玫瑰。

“今天，老师和沈小冬喝的是玫瑰花茶？”我正惊讶着，谨却缓缓地说道:“你是不是觉得奇怪,沈小冬不是喝味道醇厚的肉桂吗?今天怎么改喝玫瑰花茶了?”

“什么都瞒不过老师的‘法眼’。”我调皮地说。

“不是我厉害,而是你的心里话从来都写在脸上。”谨抿嘴笑了笑,“你猜猜答案是什么?”

“是因为花茶有去心火、抗抑郁的功效吗?我看小冬今天的心情不好。”

“是一部分的原因,但更重要的原因,是我想唤醒她体内的女性荷尔蒙。”

“啊?女性荷尔蒙?”我越发迷惑了。

“你看这花瓣的紫红,是我们女性的专属色,玫瑰花也是女人专属的花茶……”

“哦,难道老师是想让小冬更女性化一些?”

“自古以来,男性在外狩猎、耕作,女性在家织布、哺育,这既是受男女生理特点的影响,其实也潜移默化地影响着男女心理和行为特点。换句话说,女人是水,柔性、平和是女人在家庭中的主要性别特征,但是小冬把工作中的习惯带到了家里,影响了夫妻和谐……”

“老师的话听起来,怎么有点‘夫为妻纲’的味道?”

“谁说‘夫为妻纲’了?那么‘相濡以沫’‘举案齐眉’是何由来呢?”

“呃,老师,我理解错了。”

“你是理解错了。任何人际关系都是建立在平等和尊重的基础上。但是在家庭关系中,由于男性和女性的生理、心理特点不同,男性为刚、女性为柔,因此,女性在家中所扮演的角色还是很重要的,分工也要有所不同。一般来说,男人还握着家庭的大方向,女人处理着家里细节上的事情，如果女人太强，不懂得尊重男人，就比较容易产生家庭矛盾。”

“是的。但是小冬和常先生的沟通模式不是这样，这是我在刚开始时所注意到的。她在工作中很强势，在家里也非常强势。而常先生，实际上也很阳刚，他一直忍让，并且做出牺牲来处理家中的事情，照顾孩子，但小冬却对这些不理解。”

“那么，小冬意识到了这个问题吗？”

“她并没有主动意识到这个问题，只是他们的夫妻关系影响到了孩子……”

“具体的我不方便说了，我们之前谈到家庭教养方式和家庭教养内容对孩子成长的重要性，但事实上，对于孩子来说，家庭关系对他的影响甚至高于前面二者。”

“啊？是这样。”我有些意外。

“在家庭教育中，家庭关系就像是生命生长所必需的水，是孩子生长最重要的基础条件。

“有些时候，针对一些行为偏差的孩子或是成绩不好的孩子的咨询，咨询师不会马上从调整孩子的成绩入手，而是先了解孩子的家庭关系。

“一个在和谐的家庭关系中生长的孩子，品格与行为都不容易偏差，而且会积极良好地发展。”

“原来家庭关系这么重要……老师，那您今天给我讲讲家庭关系行吗？”

谨点点头。“对于孩子而言，最重要的家庭关系不是亲子关系，而是父母的关系。因为父母都是他最爱的人，这两个人若是不和，就好比要求孩子把自己分裂成两半一样，无论他讨厌哪一半都是令人难过的。”

家庭关系是家庭教育中最重要的影响因素，夫妻关系比亲子关系还重要。

“我们都经历过父母吵架，父母吵架的时候，我就会觉得紧张、不安、害怕，甚至绝望，作为孩子，谁不希望看到和睦、互相关爱的父母呢？谁不希望得到一个充满爱、亲情和温暖的家庭呢？”

“是啊，可是家庭中难免有争吵。夫妻间偶尔或暂时的意见不一致也很常见。只是争吵的时候，最好避开孩子。”

“但如果父母没控制住，在孩子面前争吵了怎么办呢？”

“如果确实情绪爆发，在孩子面前争吵了，哪怕是婴幼儿，父母也需要轮流走近孩子，对事情缘由进行解释：爸爸妈妈今天因为洗被子的事情争吵了，爸爸认为今天不能洗被子，过两天会降温；妈妈认为被子太脏了，今天洗应该会干。所以我们争吵了。但是，现在问题解决了。下次我们不争吵了。有的时候，大人会因为一些不同意见争吵，没有控制好情绪、发脾气不对，以后我们会注意。但是这件事情和宝宝无关，我们仍然爱你。”

“哦，需要让孩子明白，爸爸妈妈为什么争吵。可是为什么在婴幼儿那里也要解释呢？那么小的孩子，解释有用吗？”

“因为婴幼儿还不能理解吵架的原因是什么，会把原因归结于自己。在好多孩子小的时候，认为父母吵架是因为自己，因而内疚，甚至总想要去拯救父母的关系。小小的孩子怎么做才能拯救父母的关系？最有可能的是取悦父母、牺牲自己，以为这样能让父母高兴。”

“原来是这样。那对于更小的孩子，更应该把他抱起来，安慰他，向他解释，即使他不能懂，他也能明白，这一切并不是因为他而造成的。”谨补充说，“还有就是让孩子看到冲突是如何解决的。这等于告诉孩子，问题与冲突最终是可以解决的。”

父母在孩子面前要保持恩爱、和谐。

如果父母在孩子面前吵架了，别忘记了对孩子进行吵架原因的解释，并说明父母仍然很爱对方，也很爱自己的孩子。

同时，让孩子看到冲突与问题最终被解决。

对待婴幼儿也要如此。

“老师，我们家楼下有对夫妇，经常吵架，有时吵架吵得太厉害了，我们都听到女方的咆哮声和孩子的哭喊声，如果经常这样吵架，对孩子的影响是不是非常不好？”

“如果是父母间频繁的激烈的争吵，有可能对孩子的心理和行为产生影响。孩子可能会有以下几种情况发生：

“第一种情况，孩子在恐惧、绝望、无奈中封闭自己，缺乏自信和信任他人。成年后，这些孩子非常有可能沉溺于自己的臆想中来弥补自己的缺失。

“第二种情况，孩子的行为产生偏差，可能变成问题孩子。孩子不愿意在争吵的环境中长大。他们在成长路上遇到的困惑和问题，更不可能跟没有爱的父母分享。于是他们迷恋网吧、逃学等，各种行为都可能发生。

“第三种情况，影响到孩子未来的家庭生活。

“家长因为自己婚姻不幸福，通常会把感情的重心转移到孩子身上，依恋和控制孩子。而孩子也会顺应家长的这种心理。”

"那如果孩子长大成立了自己的家庭怎么办？"

"就会产生很多的问题和矛盾。"谨叹了口气，"因为父母没有给孩子做好婚姻的榜样，很可能影响到孩子未来对伴侣的选择，也很可能影响孩子未来和伴侣的相处之道。所以说，父母的亲密关系必然影响孩子今后的家庭。"

父母间长期的关系不和，很可能会影响孩子的：

·性格；

·问题行为；

·未来家庭生活中的亲密关系。

我写着写着，忽然觉得笔很沉重，脸上不禁闪过一丝阴云。

"有些沉重吧，上述的这些都是负面的可能性。"谨发现了我的情绪变化，"你要记得，心理学认为，人是可以改变的。而且，越明白过去对现在自己的影响，改变就会越大越彻底。

"我的一个同学，她父母离婚又再婚了，对我的这个同学伤害肯定是有的。不过她很有灵性，也很有智慧，她从父母的交往中找到问题所在，并引以为鉴，不但宽容地对待父母，而且对如何处理自己婚姻中的关系也有帮助。

"就像萨提亚说的：当过去帮助你留意到现在发生的事情时，过去就会成为一盏明灯。"

"您的这位同学真了不起。她是怎么做到的呢？"

"每对夫妻都有自己相处的模式，可那是他们的相处模式，作为子女并不能完全理解，也不能干涉他们的相处模式。作为子女应该做的，就是爱他们、关心他们，在他们情绪稍微平复的时候劝慰他们，让父母彼此多想想对方的好处，改变父母对对方的看法，让他们彼此宽容对方。恨有多么让人难过，放下了恨，拾起了爱，让一切都和谐了。”

如果经历过挫败的家庭关系，需要记得：过去的经历可以成为未来的明灯。

“老师，作为年轻的父母，我们是不是可以通过学习，来使自己有一个好的婚姻关系？我想，这对于孩子是最好的。”

“当然可以通过学习来了解如何处理婚姻中的亲密关系。”谨又烧开了一壶水，给我的水杯加满，其余的倒进壶里，玫瑰花在水浪的冲击下上下翻滚着。我突然想到，玫瑰也是爱情的象征呢！

“因为男女有别，夫妻间对未来生活的期待、经济问题、子女教育问题以及爱的表达问题等方面一定理解不同。归根结底，就是男人与女人对同一个问题往往是认知不同、感受不同、需求不同，所以沟通方式不同，反应也不同，并且他们各自都有各自的道理，这是再正常不过的事情。有时候，没有必要因为对方不同意自己的观点就激动。”谨把冲好水的茶壶静置在一旁。

男女在认知、感受、需求、沟通方式、反应等方面有诸多不同，并且各自都有各自的道理，导致双方在对生活的期待、经济、子女教育以及爱的表达等方面难免产生分歧。

“老师，男女情感需求有哪些方面的不同？”我感觉这是最贴近“关系”

的问题。

“女人通常抱怨男人不懂得倾听。当女人遇到不痛快时，就会向男人诉苦，男人对女人的经历常常不能共情，反而进行理性的分析，要求女人调整或是要出谋划策。但是男人这样做了之后就会发现，女人还是不满足。而男人看到女人不满足，就会深受打击，认为自己不够强大，不能帮助女人……”谨看了看我问，“你能不能试着分析一下，男人和女人为什么会这样？”

我想了想，大胆说出自己的想法：“因为男人认为自己的责任是不让自己的女人不开心，如果女人不开心，自己就得帮助解决。所以，男人就要理性分析和出谋划策。但其实女人只是想要一个拥抱或是一个理解。”

“非常好。”谨显然有些意外，但对我的答案给予了充分肯定。

女人向男人抱怨时首先求得一个安慰的拥抱或是理解和共情，并不马上需要男人出谋划策。

我边写边问：“老师，那男人最烦女人什么呢？”

谨回答：“男人啊，最烦女人想要‘改造’他。女人爱上男人，就会想要帮助他成长与成熟，于是就会看男人这不顺眼那不顺眼，就会想要教男人该怎么做。但其实男人最烦受到控制和改造，男人需要的是女人的尊重、信任、认可与接纳。只要自己的女人相信自己，男人就有力量面对外面的世界。”

男人不喜欢被女人好心地“改造”，男人需要的是女人的尊重、信任、认可与接纳。

“可是老师，为什么男女很难做到站在对方的角度看问题呢？”

“这里面有一个最重要的原因，叫作‘投射’。”

“投射？”

“心理学研究发现，人们在日常生活中总不自觉地把自己的心理特征，比如我们的个性、好恶、欲望、观念、情绪等归属到别人身上，认为别人和自己一样。比如，自己总是多疑，就会认为别人也会不相信自己；自己不喜欢做的事情，就会认为别人也不喜欢做。心理学上把这种行为叫作‘投射’。我们总是因为有了心理投射，才常常用自己的想法来判断他人的想法或行为。

“所以，当你抱怨婚姻中的另一方时，其实所有的评价都是你自己内心的部分。如果你感觉到婚姻有问题，别怪罪你的爱人，因为所有的烦恼、痛苦、愤怒更多和你自己有关。”

“呃……是这样……”我想了想，“那是不是说，其实婚姻关系中最重要的是修炼自己？”

“非常好。”谨再一次给予了我极大的肯定。

“除此之外，还有一个影响夫妻关系的原因，我们在之前讲乐观的时候讨论过，就是对对方行为的解释。”

“是那个‘ABC理论’吗？”

“是的，就是那个‘ABC理论’，对现象的解释最终决定行为。我来给你讲一个案例。”

一天，一位女士很晚才回家，那天正好下着大雨，她也没带雨伞，手机又正好没电了。回到家时，已是夜里十一点多。一进门，先生立即上来冲她发了一顿火。先生过去从来没有这么冲她发火，着实把她吓着了，她也很生气。于是她先是觉着很委屈，因为自己已经很倒霉了，但是丈夫回来不但没有安慰她，还冲她发火。想想真是要大哭一场或是找丈夫吵一架理论这事儿。

但是聪明的她回到屋里，先冷静下来，然后一想："其实丈夫是关心自己，试想天黑下雨，手机没电联系不上，先生得有多着急啊。而且先生最近家里也有烦心事，他特别在乎自己，因此情绪才会这样爆发吧。"这样想完以后，她反而走出屋子，安慰起自己的先生。结果先生也为之前的态度道歉了。

夫妻之间意见不合、起矛盾的原因主要有：

男女不同；

投射；

对对方行为的解释不当。

"那么，除了上述强调的这两点——做好省视自己的投射行为和善意解释对方的行为外，婚姻关系中还需要注意些什么呢？"我继续问。

"当然有。比较重要的有：

1.尊重和悦纳

"尊重就是我们提到的平等与尊重。这不但是父母与孩子相处所必需的基本态度，也同样是夫妻双方沟通交流的基本姿态。"

"我们在'尊重'的问题上最容易犯的错误是什么呢？"

"举个例子：我有一个朋友，她很爱自己的先生，每天早上起来要给她的先生做一个炒蛋吃。有一天，她先生说上班来不及了，不想吃早饭了。于是她很生气，心想鸡蛋是营养品，我辛辛苦苦做出来的早餐，你怎么可以不吃呢？”

“嗯。很多时候，我们都会用我们自己认为对的方式去爱对方，同时，我们也希望对方接受我们爱的方式。”

“你总结得很好。”谨认可我的说法，“我们用我们自己认为对的方式去爱对方，但是这种方式不一定是对方喜欢并能接受的，因此，我们并不算尊重了对方。

“我再给你举一个例子：有一对老夫妻，丈夫要求妻子每天吃一勺亚麻籽油，因为这种油能健脑，可是妻子不愿意吃，于是老先生就不高兴了。‘我这是为你好，你怎么就不吃呢？’”

“这两个案例是同一个意思。”

“这个案例还多了一层意思：许多时候，我们因为爱而害怕失去，于是因为爱而产生恐惧。恐惧的结果就是我们希望爱人按我们所说的方式去做，能够避免危险。而恰恰是这个，让对方感受到控制与压力。”

“我明白了。爱就是给对方自由。那关于‘悦纳’呢？”

“我们常常对配偶有诸多的不满意，希望能够完善配偶，这个出发点是好的，因为这样可以帮助配偶更好地进步。不过需要注意的是，可以提出建议，但不要强求改变。悦纳就是无条件接纳，不强求改变。就像我们常说的，结婚后睁一只眼闭一只眼，过得糊涂一点，减少摩擦，避免因小失大，耗光亲密的感情。而最关键的是，如果结婚了，也就意味着你不但需要接受他的优点，也需要接受他的缺点，人无完人。宽容与接纳，鼓励与赞赏不但能延续亲密的关系，而且更能激励人发扬闪光的地方，扬长避短，久而久之，不良的缺点就被闪光点的光芒给稀释不见了。”

“嗯，老师，有这方面的典型案例吗？”

“你知道克里斯多夫·李维吗？”

“美国《超人》？”

“是的。1995年他在马术比赛中意外摔伤，脊椎严重受伤，脖子以下全部瘫痪，那一年他43岁，当他被救过来时，他觉得无法生活下去了……”

“天哪，居然发生过这样的事情……”

“你知道他的妻子是怎样做的吗？”

“他的妻子安慰他不要难过？”

“并没有那么简单。他的妻子黛纳当时含着泪对他说：‘医生说，你的颈椎完全断裂了，下半身恐怕永远瘫痪。或许我们应该选择让你离去，结束你的痛苦，但我们舍不得你。所以，希望你自己做决定。但是无论你做任何决定，我都会支持你，因为这是你的人生，你得替自己做决定。但是我要你知道，无论发生什么事，我永远都会陪在你身边。最重要的，你依然是你，而且我爱你。’”

“好感人的一席话……”

“是的。”谨点点头，“克里斯多夫后来说：‘这句话拯救了我，若是当时她移开目光、语气稍停，或有丝毫的犹豫，或为某些崇高的理由要对我尽义务，我不知道自己是否承受得住。’可是妻子这一番话，激起了他重生的勇气与热情，他不仅积极复健，而且他后来还坐着轮椅参加各种社会活动、参加演出、做导演，与妻子共同成立基金会，致力于瘫痪康复研究。克里斯多夫甚至还用嘴咬着笔写出了《依然是我》这本书。”

我点点头。“老师，我明白了。”

2.保持自我的成长，与对方步调一致

“嗯，这是什么意思呢？”

"如果是顽固不化、闭门造车的人,不吸收新知识,不让自己成长变化,那么彼此厌倦的机会就比较高。"

"嗯,这个我能理解,'七年之痒''三年之痒'大概也是因为婚姻中没有新鲜感了吧。"

"因此,婚姻双方都是需要进步的,因为一个自我成长的人不会一成不变。

"成长带来了自我提高,带来了心灵的智慧,对双方是一个永葆新鲜的状态,同时又相互促进。

"一个自我成长的人,不会害怕在亲密关系中被淹没、找不到自己、失去自己。一个真正快乐的人是真正能够做自己的人。

"有一句话是这么说的,其实婚姻中的一方在进步,而另一方主动跟上,这才能保证婚姻中双方步调一致。

"婚姻的纽带并不是孩子或是金钱, 而是双方灵魂上的共鸣和共同进步。"

"我明白了,老师。"

3.信任对方,为对方留出空间和时间

"信任自然很重要,是夫妻双方生活的基础。"我暗自想。

"夫妻双方应该都要有自己的空间,有自己的朋友圈,自己的喜好,但是要让对方知道。

"这样,双方能在自己的圈子里快乐地保持自己的生活,同时也能给对方带来惊喜。这要求夫妻双方保持应有的信任。而不信任会导致行为中出现很多令人不快的举动,这样会使对方感受到明显的不自由、受到侵犯。"

"是的,老师,我在电视上经常看到这样的节目内容:有许多人是因为对方不信任自己而提出分手。因为不信任,就要跟踪、查手机、查电话、查钱包、质疑……这些行为都最终影响到两个人的感情。”

4.主动关怀、亲昵，制造惊喜与浪漫温情

“嗯，这条很重要呢，尤其是对女人来说，女人很重视节日和浪漫的惊喜吧。”

“是的。主动关心对方，让对方感受家的温暖；主动表达感情，送对方喜欢的礼物……这些表达方式，不会让双方的婚姻生活归于沉闷、无味。”

“嗯，是的。先生每次送我小东西，我都很高兴，虽然只是一件小小的东西，价钱也不贵，可是很实用，说明他心里知道我需要什么。这种感觉特别温暖。”

5.积极欣赏

“您指的是互相欣赏、赞美吗？”我问。

“是的。”谨点点头，“积极欣赏配偶，多发现配偶的优点，忽略配偶的缺点，对配偶的优点表达出赞赏和感激。”

6.重视对方的感受

“这具体指什么呢？”我问。

“沟通的时候，配偶一方表达自己的感受，另一方需要用心倾听，并做出友好善意的反应。这是尊重、关心另一半的表现。如果不听或是不关爱友好地反应，则可能伤害到对方。

“而从更深的层面来说，如果在关系中能够真诚地表达自己的需求、想法，那么两个人的感情其实会愈来愈深，而且愈来愈能够做回自己，找到自己。最美的亲密关系就是彼此帮助对方成长、成功，让对方能够在自己的生活中、工作上发挥最佳的潜能，充分地表达自己，做自己喜欢的事。”

7.不要总是索取、抱怨

“总是抱怨是因为索取却没能成功，真正的爱是付出而不是索取。如果你多问自己'我够不够爱对方''我做得够不够好',而不是'你为什么没有做到',结果会怎么样?"

夫妻相处之道:

尊重与悦纳;

保持步调一致的成长;

信任;

主动关怀,表达爱和亲昵;

积极欣赏;

重视对方的沟通反馈;

付出而不索取;

谈话告一段落,我整理了下思绪,在笔记本上写下:

家庭关系和谐才能给孩子安全、完整、幸福的家,有了温馨的家,孩子才能有勇气和力量去探索外部世界和学会怎么经营自己的小家。所以父母要掌握相处的艺术,营造和谐的家庭氛围,也给孩子做榜样。

第十五课

爱是最重要的品质

谨拿出一碟茶叶，紧结、青褐，靠近一闻有种柔和的芬芳。谨开始专注地泡茶，而我在一旁看着。对于我来说，泡茶的过程既是休息，也是欣赏。新冲泡出来的茶水呈金黄色，谨浅浅地尝了一口，显得十分惬意："我喜欢这种鲜醇爽口的味道。""老师喜欢喝正山小种？""是啊，我喜欢它久远的历史、出产地的干净和它的味道……"

"听说这种茶特别珍贵，因为产量不多。"

"珍贵的是，我和我的先生是因为这种茶而结识的。这么多年来，每年他都会到桐木关去弄一些正山小种。前些年，我们每年都会登上桐木关，那里有一望无际的油菜花和高山草甸……可惜现在，那里不允许游客进了……"太阳照在茶水上，隐隐有光反射在谨的脸上，照着谨恬淡的神情。

"老师，第一次听您提到您的先生，听起来，你们是很令人羡慕的一对。"

"哪家的夫妻没有过分歧，家家都有本难念的经……"谨沉静地看着杯子里金黄的茶水，缓缓地说，"我是北京人，先生是南方人，我们在不一样的文化背景下成长，接受的又是不同学科的教育，从风俗到饮食到专业领域，分歧都很大。我们曾经很想统一成一部分，但是后来发现其实很难，我们都有自己的思想，谁也很难说服谁……”

“那后来……”

“积极心理学告诉我们，要关注那些积极的、阳光的方面。于是，我放弃了控制和企图改变我先生的想法，彼此尊重，宽容地接受彼此的差异，并且欣赏对方的进步，我们之间的关系就变成了亲密的伙伴关系，相互扶持、相互照顾、求同存异……”

“放弃控制和企图改变……”我低声地重复着。

“还有更重要的一点，我发现，在家庭关系中乃至所有的人际关系中最重要的基础是……”

“那是什么？”

“爱！”

“爱?！”

“这个字写起来简单，做起来却不简单。对于孩子而言，爱是给予不压抑精神的自由；对于成人而言，爱是不计回报的付出。在积极心理学看来，快乐来自于付出，来自于对人的帮助。而这种付出，看起来让实施爱的人承担了更多，但实际上，正是因为这种承担，让人变得更坚强、更宽容、更理解生命过程中的得与失，于是生命从此更从容、更宽厚、更淡定、更展开宽阔的天地。

“而人和人之间，只要是真心的关爱，这种温情就能让对方感受到信任、温暖，和谐的关系就自然形成了……”

“老师的意思是……”

“你不是曾经问过我，家庭教养内容除了孩子的人格品质还有什么吗？”

“难道是爱？”

“爱是最基础的，我们要培养一个善良、有爱心的孩子。”谨将身子往前靠了靠，用力地握了握我的手，“这就要求我们做家长的，首先是一个充满爱的人。我们爱家里的所有人，还要对社会上的人富有同理心和同情心。教育孩子的过程，其实是我们成人自我成长的过程。”

“我来给你讲3个故事吧。”谨的声音放缓，语调沉稳，让人不知不觉就专注起来。

案例一（一位中学的心理咨询室主任的分享）：

这一位父亲说自己的孩子正值青春期，和父亲关系恶劣，不服父亲管教，顶嘴、恶语相向，甚至向父亲动手。这位父亲十分无奈，最后找到了我。我听完这位父亲的描述，还是有点意外父子关系竟糟糕到如此境地。于是叫来这位已经长得人高马大的学生，调解他与父亲的关系，可是无论她和这位父亲如何努力，还是收效甚微。我开始怀疑我的切入点对不对，看起来，这并不只是这对父子之间的关系这么简单。

于是，我先让学生回去继续上课学习，开始和这位父亲聊天。当问及这位父亲和孩子爷爷的关系时，这位父亲终于抑制不住，掩面而泣。原来，孩子的爷爷是个酒鬼，酗酒之后，经常打这位父亲出气，使他幼小的心灵受到了不少伤害，为此，他十分记恨。多年以后，当孩子爷爷年老向他讨钱买酒喝时，他经常辱骂甚至出手。而这一切，却被他的孩子看在眼里。

我终于明白了问题所在，于是帮助这位父亲对早年的记忆进行了梳理……并且，要求这位父亲带着他的儿子去爷爷的坟上祭奠，在这个过程中，这位父亲痛哭流涕，酣畅淋漓地表达了他对自己父亲的爱和原谅。

这位父亲与孩子的关系随即扭转……

“这个故事听起来很心酸，让人不痛快。”我嘟起嘴说，“可是，却发人深省。爱是宽恕，而父母是孩子爱的榜样。”

“对，还有一层意思，就是父母如何对待老人也影响未来孩子怎么对待父母。”谨缓缓补充，接着又说道，“我给你讲的第二个故事，是我这次回国来新结识的一位成功妈妈的亲身经历。

“这位妈妈的孩子和我的孩子一起去香港参加了全美的考试，成绩很好。我见过她的孩子，不但品德高尚，行为端正，而且学习思考能力很强。于是我和她聊天，谈她的孩子成长的经历，她就讲述了她和孩子的故事。”

案例二：

孩子小的时候，我没有时间管家庭和孩子，把主要的精力都花在了工作上。但是我从不心疼为孩子花钱，孩子从小就玩全世界最新的电子产品。等孩子上到初中时，成绩突然一落千丈，成为班上倒一，并快速进入青春逆反期，与我有非常强烈的对抗。

几经战斗，我筋疲力尽。我终于发现，孩子已经不是小孩子了，我管束不了他，更改变不了他。

正当我沮丧无比时，无意中看到了一句话，并由此开始反思并调整自己。

我关闭了自己的公司，搬家离开了原来的公寓，和父母住到了一起。父母的房子很简陋，周围环境也很一般，体会不到都市繁华，但是自然安静。我每天在家里操持最平凡简单的家务，阅读国学，每天给父母盛饭，孝敬老人。后来渐渐地,我觉得,只要和孩子在一起,就非常幸福快乐,这是我以前所忽略的。我也觉得孩子的成绩不好并没有那么可怕与重要,我发现孩子身上的许多优点,欣赏并肯定孩子。

结果,奇迹发生了,我的孩子看妈妈不再找自己麻烦,不再进行对抗,也开始冷静下来,观察我每天做的事情。慢慢地孩子也起了变化,不但成绩越来越好,而且也孝敬老人了,不但懂礼貌,还学会关心和体贴家人和同学了。

孩子的班主任非常惊讶孩子的变化,学习成绩越来越好,进步之大不可思议。于是班主任希望我能给家长们讲讲,是怎么教育孩子的。

此时,我说出了那句令自己反思并改变的话:孩子的问题其实是家长的问题。

"'孩子的问题其实是家长的问题。'这句不太能让家长接受的话,便是她最深的智慧。做家长要修行自我,学会爱自己和爱他人,才能收获一个身心健康的孩子。"我细细品味着这句话,觉得充满禅意。

"是的,你说得很对。可是你有没有发现一个细节,就是这位母亲不在孩子成绩的问题上抓狂,她发现只要和自己的孩子在一起就非常幸福,而且她也发现了孩子身上的优点,虽然这些优点并不是她一直看重的成绩。而孩子的转变也是在她对孩子的观察与欣赏的角度转变以后发生的。"谨接着说。

"嗯,难道是这种正面观察欣赏的角度对孩子产生了重要的作用?"

"是的。这种信任能产生正能量。正能量的气场很强大,吸收进更多的正能量,让彼此间的互动和沟通形成良性循环。"谨看着我脸上的表情越来越开阔,知道我已经悟到了很多。谨递给我一个本子,这本子上记的是一些妈妈的分享与留言。谨示意我看翻开的那一页：

案例三（一位妈妈的分享）：

生活了几十年后，我终于明白了：一个人的才能虽然能让大家认识他，注意他，却未必能认可他，服他。只有这个人同时具备了高尚的品德，才能让他的光辉散发出来，并且照耀他人。品德的魅力才最终让人震撼，品德才是一个人成功的基础。

于是，我的孩子从小就接受我的分享与爱的教育。他们富有同情心，乐于助人，看起来他们并没有得到回报，只是付出，可是孩子们却因此有了许多朋友，有了许多爱他们的人。而孩子的能力也在这当中锻炼出来，就像是无心撒下的种子，却得以发芽并且茁壮成长，带给孩子们自信、乐观、成就感。而这一切都源于爱的力量。

我合上本子，使劲点了点头："孩子们懂得了爱，这就让他们对人生有了更好的理解，对他们的为人处世奠定了正确的价值观基础，他们也因此有了更幸福美好的人生。"

谨明白，我已经理解什么是爱了。

"来，跟我去里屋看一下吧。"谨起身走向里屋，我随后跟着。

走进里屋，我看到那面画像墙的7个框已经贴满了，分别是：埃里克·埃里克森、哈利·哈洛、马丁·塞利格曼、戴安娜·鲍姆林德、玛丽亚·蒙特梭利、让·皮亚杰、霍华德·加德纳。

"景仪，你的理论学得差不多了。"谨转头看着我说，"我在国内的研究也得到了重大的进展，我马上就要去国外了。"

“啊?！这么快……”我心一沉。

“别忘了,你还欠我一幅画。”谨拍了拍我的肩,“下周六,你再到我这儿来一趟,给我看看你的画……”

临睡前,我翻开笔记本,在后面写上:

> 一切源于爱的力量。因为爱,我们放弃控制,学会尊重与接纳;因为爱,我们懂得从付出中找到价值得到快乐和满足;因为爱,我们变得信任与宽容;因为爱,我们更能理解生命的过程,看淡得失,看重温暖的感情。

第十六课

自我成长的一种方法

周六,仍然是一个艳阳天,清早天上还有厚厚的云,可是三四级的北风不一会儿就把云吹散了,露出湛蓝的天空。“啊!真希望永远是秋天啊!”我仰起头十分感慨,可是想起还得去向谨交差复命,我的脚步又沉重起来。

小区的广场里好像又多了好多小孩,都只有三五个月的样子,他们个个长得虎头虎脑,大大的眼睛,十分精神。我忍不住站在孩子们边上,逗了逗他们,看他们脸上露出笑容,纯真可爱。“哎,你们看,大虎小虎来了。”一位正攀谈着的妈妈指着大虎小虎说,“这哥俩真有意思,你看长相也不一样,身材也不一样,性格也不一样,怎么是双胞胎呢?”

我起身,看着玩耍打闹的大虎小虎。虎妈妈也看到了我,走过来和我打招呼:“景仪,你好。你曾经跟我说过不要老拿大虎和小虎做比较,他们各有各的特点,我回去好好想了想,我确实老拿小虎和大虎做比较,动不动就说小虎笨说小虎傻,现在我改了,我发现,小虎的性格也好多了,他比以前活泼而且爱笑了,也不怕生了,敢和小朋友们一起玩了,敢和大人们打招呼了。”

“哦,那很好啊。”我也替小虎的变化感到高兴。

按约定我该去找谨了，可是我心里对那幅画还是没有思路……

谨不在院子里，我走到门前，看见谨正在书桌前练字。

“没想到老师也练习书法。”

“是啊。”我见谨没有开口问画的事情，也乐得在一旁欣赏谨练字。

谨的毛笔字笔锋苍劲、下笔有神，一张大宣纸上写的是“因缘”两个字。

“因缘?! 老师，这像是佛家的用语。”

“哦? 看来你懂一些。”谨把笔放下，用手绢擦了擦手，和我一起坐下来。

“我不懂，老师……”我慌忙摆了摆手。

谨看着我的样子，笑了笑说：“季羡林老先生说：佛教分为高低两个层次，低层次佛教烧香拜佛、修庙塑像，相信轮回报应，积德修福，不必通佛理，只是满足宗教需要；高层次佛教重点是钻研佛理，就像一个哲学家钻研哲学。

“南怀瑾老先生说：佛教、佛学、佛法这3个范围不同，佛教是宗教，到庙里修个佛像拜拜，这是宗教。佛本意反对拜偶像，是后世把他供了起来。佛学里头包括了哲学、宗教、文学等，而他佩服的、皈依的、信仰的是佛法。

“佛教将世间一切事物称为法。佛法，就是佛陀觉悟的真理：阐述、开示这些真理及修行法门，教导我们怎样修行，断除烦恼，解脱生死。我们平常人都可以把佛法或佛理当成哲学来研修。所以，你不必要谈佛色变。”

“呃，老师，我只是没有想到……”我回头看了看自己正坐在国学和哲学类的书柜下，这才意识到，谨其实一直对国学有研究。

“我这次回来的研究任务，就是应我的国外同事的邀请，来整理一些中国传统文化与西方心理学的共通之处，以及可汲取的营养。”

“哦？他们也对我们的传统文化感兴趣？”

“当然，哲学层面上的许多东西是共通的。中国的传统文化有几千年的历史，中国的东方哲学一直是西方学者研究的范畴。”谨顿了顿，继续说，“西方心理学一直研究着东方哲学，比如：西方著名的心理学家荣格就曾介绍《易经》和禅到西方；现代美国的积极心理学之父马丁·塞利格曼前一阵到北京来讲学，谈到他近些年关于幸福的研究，同样也谈到许多孔子、孟子和老子的观点；美国的家庭治疗开创者萨提亚也深受中医药系统思维的影响；德国家庭序列治疗法创始人海灵格深受中国道家佛家影响；佛禅修行也是西方积极心理学中经常提到甚至推崇的，比如佛家的打坐与西方的冥想就有共通之处。”

“哦，老师，那这么说，西方心理学和中国传统文化还颇有渊源呢。你能跟我说说国学吗？”

“嗯，那就跟你说些有意思的吧。有一次我读到佛学的《解深密经》卷三，其中有这样一句话：‘我说识所缘，唯识所现故……然即此心如是生时，即有如是影像显现。’一位得道高僧印顺法师所翻译的意思是：凡我们所认识到的一切，没有一种客观独立存在。当我们心识现前的时候，心上现起一种境界相。因了错误的认识与执着，觉得它是离心存在的外境。实际上，那境相只是自心现起的影子。”

“什么意思？”我苦笑着问，“完全听不懂。”

“意思是：我们对我们所看到一切现象的解释其实都是自己内心投射的结果。”

“投射？”我吃惊地反问，这个词前几周刚从谨那里学到，这可是心理学里一个重要的理论。

谨饶有兴致地继续说:“佛法有一部分讲人的心灵修行，其中唯识宗,谈的就是人的心理活动,包括感知觉、意识、潜意识……你看,这不是又和心理学相通了吗？”

“啊？”我吃惊得嘴巴都张大了。

谨看着我的样子，笑着说:“我再给你讲讲关于儒家的思想,‘四书’里的《中庸》是孔子传授心法的书。儒家的心法在于人心、道心:人心是私欲,道心是天理。人应该修道心、克制人心。

“而西方心理学精神分析学派的弗洛伊德的理论是:人格有本我、自我、超我3个部分,本我是人的自私部分。自我遵循现实原则的自我,也就是将自我控制在为社会所接受的范围。而超我则是代表社会的特别是父母的价值和标准,超我对能做和不能做的事有更多的限制。”

“呃……”我摸了摸后脑勺,“老师这么解释,还真挺有意思。”

“回到教育上,举个最通俗的例子:“在西方现代教育中,比较讲究尊重孩子在年龄、心理、发展阶段等的特点,尊重孩子与孩子之间的差异。这不就是‘因材施教’吗？”谨反问我,“这可是孔子提出来的。”

“呃,老师,听您所提的,我忽然觉得我们都放着手里有的瑰宝不去理解,反而去学习了心理学,您这是批评我们吗？”

“不,不是这样。因为中国传统文化所阐述的,用的是古文,而且不同的人不同的经历读起来的意思可能还不一样,并不像西方心理学的阐释那么精确那么容易理解,因此,确实不利于传播。但是,在我们的自身修行上,学习国学是非常有益的。”

我记起来,谨曾经在上周跟我提过:父母需要修行自身,才能教育好孩子。这么看来,谨是在提醒我,研读国学是修行的一条道路。

“那么,老师,国学中有哪些我们可学的东西,您能略举一二吗?”不知不觉,我说话也有了点文言的味道。

“在儒家里,最基本的学问,讲的是社会关系。我来给你讲一段。

“有一天,孔子陪鲁哀公说话,哀公就问他:‘敢问为政如之何?’意思是,政务要怎么办呢?孔子回答说:‘夫妇别,父子亲,君臣严。’”

“什么意思?”我的文言并不太好。

“意思是:夫妇有分别,父子相亲爱,君臣相敬重。孔子一直主张这个社会还是要有一定的结构秩序,每个人的角色规范,这样这个社会才不会乱。比如,上下级应该是相互敬重,相互帮衬;父子关系,应该是相亲相爱,‘父慈子孝’,父母对孩子爱抚和孩子对父母孝敬。”

“‘父慈子孝’……这个阐释好!”我禁不住兴奋起来,“那么老师,‘夫妇有别’呢?”

“古之为政,爱人为大。所以治爱人,礼为大。所以治礼,敬为大。敬之至矣,大昏为大。大昏至矣!大昏即至,冕而亲迎,亲之也。亲之也者,亲之也。是故,君子兴敬为亲;舍敬,是遗亲也。弗爱不亲,弗敬不正。爱与敬,其政之本与!”

我等着谨的解释,心里暗暗佩服谨能背下这一大段来。看来谨对国学的研读是相当深入的。

“意思是:古代负责政务的人,最重要的在于爱别人。做到爱别人,最重要的在于礼。要行礼,最重要的在于敬。充分做到敬,最重要的在于婚姻之事。婚姻是敬意中最难做到的!在婚姻大事上,要穿戴礼服去迎亲,以示爱自己的妻子,以敬慕之心与妻子相爱。若抛开敬意,就失去爱慕的诚意了。无爱慕便不能相亲,亲而无敬意,就是不正当的婚姻。因此,爱自己最亲近的妻子,对妻子能有爱有敬,才是爱别人的开始,也就是政务的开始。”

“原来孔子是这么做的,和我理解的儒家思想完全不一样呢。”我很是意外,“若都像孔子说的这么相处,社会不是很和谐了吗?”

谨不置可否:“国学里还有很多关于品行方面的教育。”

“哦,老师快跟我说说。”

“我这里有一本手抄的《千字文》和《论语》,我在每句话里加了注释。”谨递给我一本自己装订的手抄本。我恭敬地接过来,翻阅了起来。

本经:信使可覆,器欲难量。

信用要经得起考验,器量要越大越好。

本经:仁慈隐恻,造次弗离。节义廉退,颠沛匪亏。

对别人仁爱,要有同情心。在任何时候、任何地方都不能丢掉。气节、正义、廉洁、谦让这些品德,即使陷入狼狈困顿的境地,也不要亏缺。

本经:性静情逸,心动神疲。守真志满,逐物意移。坚持雅操,好爵自縻。

保持内心清静平定,情绪就会安逸舒适,心为外物所动,精神就会疲惫不堪。保持自己天生的善性,愿望就可以得到满足,一心追逐外物,意志就会衰退,善性就会改变。坚定地保持高雅情操,高官厚禄自然属于你。

本经:夫子教人各因其材。

教育要因材施教。

本经:不愤不启,不悱不发。举一隅不以三隅反,则不复也。

启发诱导学生要把握时机,才能调动起学生学习的积极性和主动性。启发诱导的目的在于促使学生能够举一反三,触类旁通。

本经:学而不思则罔,思而不学则殆。

学习要和思考相结合。

本经:躬自厚而薄责于人。

严于律己,宽以待人。

本经:己所不欲,勿施于人。

自己都不喜欢的,就不要强加给别人。

本经:吾日三省吾身:为人谋而不忠乎?与朋友交而不信乎?传不习乎?

我每天多次反省自己——替人家谋虑是否不够尽心?和朋友交往是否不够诚信?传授的学业是否不曾复习?

本经:巧言令色,鲜矣仁。

花言巧语,一副讨好人的脸色,这样的人是很少有仁德的。言行不一的人道德不高尚。

本经:其身正,不令而行;其身不正,虽令不从。

教育者要以身作则。

……

"怎么样?"

"《论语》里有些句子,上学时是读过的,只是那时候读远没有现在读起来的体会深。老师,这也许是因为前一段时间在您这里对心理学的学习,所以,我现在阅读起这些古文句子来,觉得特别有道理。"

"有这种可能。"谨微微笑了笑。

"老师,回去我会好好读国学的,可是,我可以读哪些书呢?"

"可以读孔子、孟子、老子的书,你也可以看看文学家或哲学家们对中国传统文化的注解……”谨微笑着说。

“老师,您能不能再跟我多说一些?我很喜欢听您讲呢。”我意犹未尽。

“嗯,那你还想了解些什么?”谨笑着问我。

“您能不能跟我说说,为什么人际关系那么难处理?”

“嗯。这个困惑,也是许多人的困惑。要不怎么说,修行是在关系中呢?”谨轻轻地叹了口气。

“有的时候,一方想要控制另一方,就会发生争吵。有许多人总认为自己是对的,先是评价别人,再教导和控制别人该怎样去做。”

“可有的时候,对方就是做得不对啊。”我嘟起嘴来。

“如果你是他,你经历了他所经历的,你会不会和他一样判断呢?或者你至少能理解他为什么会那样判断和那样行事。”

我惭愧地低下了头。

“等你理解了对方,再和对方沟通,是不是就容易多了呢?”谨反问。

我点点头:“我明白了,老师。我还想再问一个问题。”

“好啊,问吧。”

“我觉得自己总是失败,这让我觉得沮丧。”

“失败?”

“就是不能达到预期目标。”

“具体来说呢?”

“小的方面来说,我老是做不好事情,比如开车走错路,多花了时间和精力,还耽误事情;大的方面来说,我的实际总是离理想有距离……”

“开车走错路,你只看到了不好的一面,多花了时间和精力还耽误事情。”谨笑笑说。

“嗯。”我点头,“难道不是吗?”

“可是既然走错了,你着急和懊悔又有什么用呢?”谨反问。

“也是啊。有时候越急越做不好事情。”

“所以说,我们学习是‘试误’的过程,你没走错过,怎么知道哪个地方容易走错呢,又怎么获得经验和教训呢?”

“是的。”

“你甚至还可以告诫朋友们:这个地方容易走错。不是就让‘走错’这件事情变得有价值有意义了吗?”

“哦。”我眼睛一亮。

“还有一点,走错了,你就可以观察一下这条路上有什么新的值得注意的,可能你就发现了一家不错的咖啡馆,下次你和朋友们就能去那家咖啡馆聊天了,即使那条路上一无所获,你也可以知道,那条路上暂时没有你想要的,这本身就是收获啊。”

“嗯,所以,没有无意义的经历,只是我们太片面了,并没有从好的一面去观察它,有的时候,甚至可以让‘不好’的事情有更积极的意义。”我总结。

谨很欣赏我的悟性,赞许地点头。我也很高兴看到被谨认可的表情。

“再来谈谈你认为自己达不到理想的目标,现实与期望总是有差距。”

“嗯。”我的脸上顿时布满愁云。

“你一直很努力,在学业上、事业上也已经很成功了,为什么你还会这么说呢?”

“不知道为什么,我就是不停地追、不停地追,目标越来越大、越来越高,我越来越累、越来越焦虑,可是我总认为,我还没有达到最好……达到最好了，我也许就能从那种成就感中获得快乐和幸福了。”

“但是，你已意识到了，不停地追寻目标并不能让你获得快乐和幸福，因为永无止境……”

“是的，老师……什么才是生活的意义，怎么样才能获得真正的踏实和幸福呢？心理学有研究结论吗？”

谨严肃地说：“一个人认为自己重要了，才有存在的价值。但是存在的价值，来源于你对别人的帮助，而不是你自己获得了什么。

“不停地索取，并不能让你感受到获得了很多，相反，它只能让你陷入竞争、嫉妒、不平的负面情绪中，这种情绪在你的追逐中被越放越大，所以一方面在物质上你越得越多，但在精神和情绪上你得到的正能量却越来越少。那些由虚荣带来的价值感，只能让你活得更累、更不真实。”

我的心渐渐地轻松了。

“快乐和幸福的源泉来自于帮助别人。你的心灵和你的行为就能改变你的气场，你的周围也会回报你，你就生活在一个快乐的正向情绪圈子里了。”

“老师，我明白了。”我使劲点点头。

我反复思索，在笔记本上写下：

> 中国传统文化中的智慧，可以通过反复诵读来研习领会，从中我们可以学到如何为人处世的道理。当我们在生活中有困惑时，有时会认为是一些人和事给自己造成的不开心，但这种不开心和困惑恰恰提醒我们自己，在我们自身还有“无明”之处，我们需要自我提升，需要成长，需要学会对我们所经历的人事更多更深地去理解。人生幸福并不是因为得到了多少，而是因为自我接纳和帮助他人。

第十七课
亲子因缘树

我的目光落在谨的那幅字上，起初并没有什么兴趣知道其中的含义，现在却想问一问了。“老师，这个‘因缘’，是什么意思呢？”

“你一开始，认为我写的这个‘因缘’是佛学？”

“嗯。”我点点头，却在心里轻轻地问，难道不是吗？

“佛学确实讲因、缘、果。一个农民在地里种下了果树的种子，经过灌溉、除草、日照，经历了风风雨雨，最后丰收了果实。所以，种子就是因，灌溉、除草、日照就是缘，丰收的果实就是果。”

谨继续说：“可是，在实验心理学里，那个由因演变到果所需要的条件……”

“也就是缘？”

“对，缘。在实验心理学里，被称为‘中介变量’——就是起到桥梁作用的因素。所以，在东西方哲学里，因缘果的关系就是……”谨拿过一张纸，画了一个图。

“一粒树种子，在经历了阳光、水分等滋润以及农夫的精心照料后，种子就会开始慢慢地长大，长出枝干，长出树叶，长成大树，开花结果。”我喃喃地重复谨刚才的话。

“如果我们种下的是苹果树的种子，就能收获苹果；如果我们种下的是梨树的种子，最终收获的是梨子。因此，这粒在地里的种子，是这棵大树的因，这棵最终茁壮而长大的树，是这粒种子的果……”

“这粒种子就是孩子。”我忽然灵光一闪。

谨赞赏地点点头：“西方心理学认为，孩子一出生就有天生的气质和受父母遗传的基因，这些都是孩子与生俱来的，一切都是孩子成长的因。”

“刚出生的孩子不是一张白纸？”我疑惑地问。

“不，不是的。生物遗传学、心理学发展至今，已经验证了许多与生俱来的遗传因素对人未来的发展起到的作用。遗传行为学家已经为了遗传在人的发展中的作用做了大量的研究，得出的结论是：在人的身高、肥胖、疾病、智力、性格上都有遗传成分在起作用。但是，遗传并不是决定人的发展的唯一原因。”

“当然，应该还有环境的作用。我们之前提到了狼孩。”

“对，我们之前提到的出生后半年被狼叼走的两个女孩，回到人类世界后，不会说话，各个方面都仍然像狼，而不再像人就充分说明了环境可以完全改变一个人的思想与行为。

“因此，所有的科学，包括基因学、动物学、人口生物学、心理学、遗传行为学等各个领域都认为：人的发展是由遗传与环境共同作用的结果。”谨回答。

“老师，心理学界会做什么样的研究呢？”

“在心理学界，有种研究是把同卵双胞胎（代表99%以上相似的基因）送到不同的家庭去抚育，然后对比双胞胎成年后的相同与不同。或者把来自不同家庭的孩子送到同一个家庭去抚育，对比这些孩子成年后的相同与不同。

“这些科学研究最后都证明了，人的发展受到遗传与环境的共同影响。”

“嗯，应该是这样。”我想起大虎小虎两兄弟，应该在基因上和教养方式上的双重原因，造成了两兄弟的诸多不同。

“那么，老师，如果是双胞胎，也会因为教养方式不同而形成不同的性格和行为吧。”

“当然。就像种子长成大树的过程中，给予了不同的条件，就会长成不同的树。好的条件，能让这粒种子发展成大树；而不好的条件，却能让这粒种子在成长的过程中往偏了生长或是死亡。”

“老师，很有意思。不知道心理学理论有没有完整的阐释？”

“我们以气质为例。气质，被认为是人们与生俱来的、稳定的、不容易改变的特征，这个特征和人的行为和情绪有很大的关系。

“越来越多的发展心理学研究发现，有些婴幼儿生来就具有产生不寻常生理反应的气质。比如，会趋于回避任何异常事物，他们对新异的刺激的反应是心跳加速和大脑边缘系统异常活跃。”谨顿了顿，“换句话说，这些孩子天生就会对新鲜事物有特殊的感觉和反应。”

“那么，他们不是会害怕冒险，或者不愿意尝试新鲜事物？”

“是的，甚至不愿意见生人。”

“那么，应该怎么办？”

“如果父母宽容地对待孩子，给予爱和帮助，鼓励孩子外向，就可以使孩子克服害羞。

“可是,如果相反,父母家庭不和,对孩子约束管教太过专制,在这种紧张环境下长大的孩子,在未来的人生中就有可能会一直害羞下去……”

谨的这段理论说得非常明确,我好似全明白了。“一粒种子,在水分、养分、空气等条件的作用下成长。如果条件作用好,那么种子就会成为一棵大树;如果条件作用不好,种子就有可能长不成大树。孩子就是那粒种子。家庭教育就是那粒种子成长的重要条件。”

“老师,我想到了,我想到了,我想到了那幅画该怎么画了!”

“说来听听。”

“种子长成大树这个过程中,一直离不开的条件是水。没有水,种子就没有了生命之源。在家庭教育中,家庭关系就像是生命生长所必需的水,是孩子生长最重要的基础条件。

“种子发芽了,伸展出了地面,成了一棵小树。于是果农此时需要修剪它的枝叶。这样,树木才能长得更茂盛,而且不至于长斜长歪。在家庭教育中,教养方式就是修正果树成长的剪刀。

“果农还要给小树施肥,养料就是家庭教养内容,包括:品格、人格、学习等内容。

“由此,小树就能茁壮成长,不会长歪长斜,而且能结出漂亮的果实……”我一口气把思路说完。

谨认真听完我的思路,微笑着说:“听起来挺有创意的。你打算给这幅画起个什么名字?”

“嗯,叫‘亲子因缘树’如何?”

“好,这个名字我喜欢。”谨赞赏地点点头。

我认真想了想一天来的所得，在笔记本上写下：

> 每个孩子是自己成长的因，一出生，孩子就具备了自己特有的特质在身上，教育所要做的，是根据孩子自身所具备的特质来选择适合其成长所需要的方法，比如：对于谨慎害羞的孩子，我们就要用宽容平和的办法；对于顽皮捣蛋的孩子，我们在理解他们的基础上，因势利导，教会他遵守环境秩序。
>
> 在从种子长成小树的过程中，需要和谐的家庭关系、科学的家庭教养来帮助孩子养成健全的人格、良好的习惯和优秀的学习能力。

重新启航

接下来的一个星期,我都在思索如何作那幅画,自己在白纸上设计出画的样子,然后,几经思考和调查,终于想到用彩铅贴纸一点一点把画给贴出来。

终于等到周六交作业了,我兴冲冲地向谨的院子里走去。

谨的院子里一如既往的安静。树荫下,站着一个人,不像是谨。我放缓了步伐,依旧前行,但心里却在想这个人会是谁呢?

走近一看,原来是黄莺。

黄莺看到我一点也不意外,好像在这里等了很久似的。她冲我笑了笑,摊了摊手。

"什么意思?"我从黄莺的神情看出来,应该是有一些意外的事情。"老师已经走了?"我嘟着嘴问黄莺,没等黄莺回答,只觉得鼻子一酸,眼睛有些湿润了。

"给,这是老师给你的。"黄莺从茶桌上拿起一个信封交给我。我打开信封,从里面摸出一串房门钥匙和一张信纸,信纸上写着:

景仪：

你好！

当你读到这封信时，我想我已经坐在国外的校园里了。非常感谢你这段时间和我的相伴，你让我看到了当初的自己。

在教育孩子的过程中，我并不是一帆风顺的。相反，我自己有过很失败的经历。但是回过头来看，我很感谢那段岁月，正是因为那段岁月，让我能够从深刻的反省中汲取更多。我曾经并不是个成功的母亲，是自我的修行和积极心理学最后帮助了我。现在，只要和自己的家人在一起，便是我最美好的时光。我也很感谢自己的孩子，她教会了我很多。

我很欣喜，黄莺和你有志于将心理学理论应用到生活中并帮助更多的人更幸福地生活。我也特别愿意帮助你实现你的梦想。只是现在你还不能成为一名合格的咨询师，你还有很多东西要学习。因此，我将我的这个工作坊交给你照看，里面的书籍可供你参阅，我也交代了黄莺，她会带着你一同工作。希望你能喜欢这份礼物。

最后，我想告诉你。萨提亚在晚年时曾经说过一句话：天底下没有完美的父母。是的，天下确实没有完美的父母，也没有放之四海而皆准的教育法则。每个孩子都是自己的因，每个孩子都不一样。因此，只有父母最了解自己的孩子，他们才是家庭教育的实践者。爱，才是一切的根源。

我们都在路上。

谨

读完了信，我的泪水再也没能控制住，流了下来。这段时间里，从一开始，谨给我讲理论到后来她谈到自己生活中的感悟，一切都发自肺腑，我被深深地感动着。可是，自己只想着学习，却还没来得及当面跟谨说声谢谢。

黄莺在一旁递来了纸巾，轻轻地拍了拍我："我们还有很多事要做，继续努力，加油！"我含着泪笑了笑，两双手紧紧地握在了一起。

"师姐，我还想去屋里看看。"我轻轻抹了抹眼泪。

黄莺知道我不舍，于是点头说："好的，我陪你去。"

我走入屋里，看着熟悉的三面墙的大书柜、书桌……一切都没有变，不禁让我回想起第一天和谨聊天的情景。我缓缓地向里屋走去。里屋有两间，那扇平时关着的门，现在敞开了，里面放置了两张舒适的沙发和一个茶几，还摆放着沙盘，显然布置成了聊天谈心的地方。

而另一间屋子，我再熟悉不过了，那里有谨给我布置的作业。我进入屋内，径直走向那面正对门的大框格前，将准备好的彩铅贴纸一片一片地粘上去，黄莺也上前来帮忙，不一会儿，一棵树就完成了。

"这就是你起名的'亲子因缘树'？"黄莺轻轻地问。

"嗯。"我转头看着黄莺，"师姐觉得如何？"

"用彩铅粘起来挺漂亮。"黄莺欣赏着那棵树，脸上露出淡淡的微笑，"这是你心中的亲子树，是你系统学习了家庭教育相关理论而得出来的心得，它的姿态、它的色彩多少反映了你的想法与心态。我现在读到了你内心的恬静、自然、期望与美。"

黄莺转过头来看着我，继续说："这棵树是属于你的。所谓教育，是在尊重基本规律上的个性化和差异化操作。在掌握心理学理论的基础上，我们每个家长都能在实践中有所感悟，并且学习和自己孩子的良好沟通相处。而教育孩子的过程，同时也是我们修炼内心、自我提升的过程。”

“是的，我们的修为完善了自己，才能教育好孩子。而对孩子的教育，是在尊重基本规律的基础上对孩子的爱、尊重和引导。”这是我的感想。

说到心理学基础理论，我不禁转过身来，内心崇敬地又看了一次那面墙的七大框格里的心理学家们。

收好信封，我正准备往外走，忽然发现门边新添了一个盆景，是一棵漂亮的榕树。根盘显露、旁逸斜出的几根树干上郁郁葱葱，树冠秀茂，很有风采。“这棵榕树盆景，老师养了一阵子了。你第一次见吗？”黄莺问。“是啊，过去没见过呢。”

“有的人养榕树盆景，通过修剪、整枝、吊扎、嫁接、精心培育、严格控制，但是老师养这盆榕树的时候，并没有刻意做什么，只是给予养料，偶尔修剪一下败叶，而且她还经常跟我讨论，榕树接下来会怎么长？她说，不要把榕树弄成其他榕树的翻版，更不想太干涉它的成长，她只是为它的生长提供了必要的养分和支持。结果，这棵树真长大了，而且很漂亮，很有自己的特色，对吗？”

“嗯。”我边听边应答着，“我只是奇怪它为什么这么眼熟……”

“是在哪儿见过呢？”我绞尽脑汁想着，突然想起了手包里画的设计稿。原来，这棵榕树像极了那棵“亲子因缘树”。

请画出您心中的"亲子因缘树"。

附1:书中心理学家人名中英文对照表(按提及先后顺序)

中文名	英文名
弗吉尼亚·萨提亚	Virginia Satir
埃里克·埃里克森	Eric H Erikson
戴安娜·鲍姆林德	Diana Baumrind
哈里·哈洛	Harry F. Harlow
玛丽·爱因斯沃斯	Mary Ainsworth
玛丽亚·蒙特梭利	Maria Montessori
马丁·塞利格曼	Martin E. P. Seligman
伯纳德·维纳	B. Weiner
埃利斯	A. Ellis
让·皮亚杰	Jean Piaget
霍华德·加德纳	Howard Gardner
罗森塔尔	Rozentali
杰罗姆·布鲁纳	Jerome Seymour Bruner
奥苏伯尔	D.P.AuSubel
约翰·杜威	John Dewey
本杰明·布鲁姆	Benjamin Bloom
康拉德·劳伦兹	Konrad Lorenz

附2:参考书目

中国传统经典

孔子的智慧,林语堂著,黄嘉德译,凤凰出版传媒集团江苏文艺出版社。

朱自清:国学经典入门,朱自清著,杨佩昌整理,中国画报出版社。

经典常谈,朱自清著,陕西师范大学出版社。

南怀瑾讲演录,南怀瑾讲述,上海人民出版社。

老庄中的名言智慧,南怀瑾著,上海人民出版社。

论语今读,李泽厚著,三联书店。

季羡林谈佛,季羡林著,季羡林研究所编,当代中国出版社。

大乘百法明门论讲记,广超法师讲述,复旦大学出版社。

佛法概论,释印顺著,中华书局。

唯识学探源,释印顺著,中华书局。

三字经、百家姓、千字文、千家诗、弟子规,王应麟著,北京出版社。

心理学教育学丛书

社会性与人格发展,[美]戴维·谢弗著,陈会昌等译,人民邮电出版社。

改变心理学的40项研究(第5版),[美]罗杰·霍克著,白学军等译,杨治良、郭秀艳审校,人民邮电出版社。

发展心理学(第8版),David R. Shaffer & Katherine Kipp著,邹泓等译,中国轻工业出版社。

发展心理学(第4版),[美]罗伯特·费尔德曼著,苏彦捷等译,世界图书出版公司。

人格心理学,[美]Jerry M. Burger著，陈会昌等译，中国轻工业出版社。

社会心理学,[美]戴维·迈尔斯著,侯玉波、乐国安、张智勇著,人民邮电出版社。

教育片论,[英]约翰·洛克著,上海世纪出版集团。

儿童发展概论,秦金亮主编,高等教育出版社。

学前教育学,李生兰著,华东师范大学出版社。

教出乐观的孩子——让孩子受用一生的幸福经典,[美] 马丁·塞利格曼、卡伦·莱维奇、莉萨·杰科克斯、简·吉列姆著,苏德中主编,洪莉译。

如何说孩子才会听,怎么听孩子才肯说,[美]玛兹丽施著,安燕玲译,中央编译出版社。

游戏力,[美]劳伦斯·科恩著,李岩译,军事谊出版社。

新家庭如何塑造人,[美]维吉尼亚·萨提亚著,易春丽、叶冬梅等译,世界图书出版公司。

萨提亚家庭治疗模式,[美]维吉尼亚·萨提亚、约翰·贝曼、简·伯格、玛丽亚·葛莫莉著,聂晶译,富春丽审校,世界图书出版公司。。

这一生为何而来——海灵格自传访谈录,伯特·海灵格、嘉碧绿·谭·荷佛著,陈丽芬译,周鼎文审定,广东省出版集团广东经济出版社。

男人来自火星,女人来自金星,[美]约翰·雷格著,黄钦、尧俊芳译,吉林文史出版社。

幸福心帮助,杨凤池著,中华出局。

名家谈心理,中国国家机关团工委,华夏出版社。

为何家会伤人——揭示家庭中的心理真相,武志红著,世界图书出版公司。

曾仕强告诉你在中国如何当父母，曾仕强、刘君政著，海峡出版发行集团，鹭江出版社。

习惯决定孩子的一生，孙云晓著，北京师范大学出版社。

蒙台梭利育儿全书，[意]玛丽亚·蒙台梭利著，张建成、董大平译，中国妇女出版社。

有吸收力的心灵，[意]玛丽亚·蒙台梭利著，高潮、薛杰译，中国发展出版社。

蒙台梭利儿童教育手册，[意]玛丽亚·蒙台梭利著，肖咏捷译，中国发展出版社。

3岁决定孩子的一生，[意]玛丽亚·蒙台梭利著，张兵编译，朝华出版社。

7岁前，决定孩子一生的关键期，李轶君编著，朝华出版社。

捕捉儿童敏感期(第2版)，孙瑞雪编著，中国妇女出版社。

婴幼儿科学喂养，张春改、吴家懿编著，中国人口出版社。

0~3岁孩子父母必备锦囊，儿科医学博士[日]適山高子主编，张文芳译，中国工人出版社。

中国新教育风暴，王宏甲著，北京出版社。

教育心理学，全国十二所重点师范大学联合编写，莫雷主编，教育科学出版社。

后记

从怀孕开始直至7年后的今日,看了大量关于心理学和教育学的书,也从各种渠道接收了大量的信息。虽然毕业于心理学专业,但是在育儿过程中,自己仍像新生儿一样重新学习,显然这次的学习过程与课堂上的截然不同,每一天都伴随着数次的观察实践、反刍思考。这些做中学、学中做的经历,陪伴我从懵懂年轻成长为平和成熟,也陪伴我的孩子长大。由此,希望能将我学习到的心理学知识与我的育儿感悟整理成书,与大家分享。

一位朋友曾真诚地告诫:书籍流通,影响人心久远而深刻,常人受其潜移默化而不知,不可偏颇。我在本书的写作中也遵从这一原则,保证了书中观点的权威性,这些观点来自于世界一流的心理学家、中国哲学家和心理学工作者,而知识性的心理学研究成果取自影响深远的经典心理学实验。因此,可以说这是一本针对婴幼儿教养的心理学知识的科普之书。

本书不仅仅是经验之谈,更是在大量研究和主张的基础上进行我的论述。这样的处理有两个原因:一是有理有据,才能让人信服,同时满足知其然也想知其所以然的家长们的需求。二是每个孩子都有他的独特性,具体的教养操作方法不可能适用于每个家庭、每个孩子。对孩子最了解的人莫过于家长自己,我们每个家长若能在明白心理学、教育学原理的前提下，充分结合孩子自身的特点，发展出独特、科学、有爱的教养方法，相信效果会更佳，也相信我们都是教育的实践家。

国学和心理学在许多主张上是一致的，也是互通的，都是净化心灵、追求幸福的道。中国传统文化的佛学、儒家、道家绵延千年、博大精深，是指导我们探寻生命的问题、人性的光辉、思想认知的方法，是指引我们处理社会关系、进行工作研究的哲学思想，对于当下处于混沌的价值观中，苦寻出路的人们尤其裨益。由此，我首先要感激致力于中国传统文化弘扬与传播的思想家与翻译编辑出版的工作者们，是你们的专业工作为我们传播了先贤们的智慧。同时，也要感谢那些从事心理学研究及翻译工作的专家老师们，你们无私分享的经验学识让更多的父母受益。

感谢家庭教育指导师培训，特别感谢赵刚老师和王力青老师。鸿猷文化让家庭教育工作者们有了一个共同的家。感谢我的两位小师妹，康丽婷和尹非凡，感谢你们几次不辞辛苦地与我讨论，对我书的框架思路提出意见。

感谢我的导师马谋超研究员和王詠副研究员，是你们带我进入了心理学的世界，改变了我的人生。王詠老师从事积极心理学的研究和EAP方面的工作，相信能为很多人带来福音，而我在“夫妻和谐相处”一章中的许多观点则来自于王老师的指导与分享。

感谢金锦姬女士为我写作工作上的指导，感谢北大师边玉芳老师，张继明老师，杨萍老师，蒲浩元、肖莺夫妇，江雪海、蒋亚晶夫妇，林忠跃、刘宜娟夫妇等朋友帮我阅读本书并提出修改意见。谢谢你们的崇高、和善和智慧，感谢生活中有你们这样的良师益友。谢谢李华同学和她的小豆豆分享的案例。感谢贾珊和武三为本书提供插画。

感谢本书的编辑李杨，感谢你充分了解我的写作意愿和写作编排的思考，感谢你多次编辑修改，这本书能获得你的帮助从而分享更多的知识给年轻的父母，总令我欣喜和感动。

感谢我的家人，我的父母、我的先生和我可爱的孩子。父母的照顾帮我分担了许多生活琐事，让我得以静心阅读与思考；先生的指引和包容，让我可以去读自己的内心，找到自己最想做和最喜欢做的事情。家人的爱无限、充满力量。因为爱我的孩子，我才会想要介绍这些知识给更多的父母。

研修学问，必经三个阶段："昨夜西风凋碧树，独上高楼，望尽天涯路。""衣带渐宽终不悔，为伊消得人憔悴。""众里寻他千百度，蓦然回首，那人却在灯火阑珊处。"非常感谢这本书的写作过程，得益最深的莫过于我自己。

一本书无法容纳所有，因为学识、能力有限，本书定然还有许多未尽之处，欢迎指正。邮箱：yejianfeng51@163.com。

敬上。

叶剑锋

2015年12月16日

(京)新登字083号

图书在版编目(CIP)数据

做父母的17堂必修课/叶剑锋著. —北京：中国青年出版社，2016.3

ISBN 978-7-5153-4068-5

Ⅰ.①做… Ⅱ.①叶… Ⅲ.①儿童教育—家庭教育
Ⅳ.①G78

中国版本图书馆CIP数据核字（2016）第025721号

出版发行：中国青年出版社
社　　址：北京东四十二条21号
邮政编码：100708
网　　址：www. cyp. com. cn
编辑电话：(010)57350510
责任编辑：李杨 candie_li@163.com
门 市 部：(010)57350370
印　　刷：三河市君旺印务有限公司
经　　销：新华书店

开　　本：710×1000 1/16
印　　张：15
插　　页：2
字　　数：173千字
版　　次：2016年3月北京第1版 河北第1次印刷
定　　价：32.00元

本图书如有印装质量问题，请凭购书发票与质检部联系调换
联系电话：(010)57350337